D1918421

Michael Cöllen
Dipl. Psych./Psychotherapeut (BDP)
Keplerstraße 35
22763 Hamburg (Ottensen)
Tel.: 040 / 390 70 00 • Fax: 390 7007

Michael Cöllen / Mathias Jung

Liebe in Zeiten der Unverbindlichkeit

Hamburg, Sommer 2002

Meine liebste Varda -
inzwischen haben wir
16 Jahre „verbindliche Zeit" -
und dafür danke ich Dir
zutiefst. Kostbare Zeit für
die Liebe - mit manch
stürmischen Zeiten. Ich
liebe Dich - immer noch
und wieder - endlos - es
sei denn, das Alter holt
uns ein.
Knuddel - Knuddel
Dein Michael

Edition Orientierung
Herausgegeben von
Dr. Norbert Copray M.A.

Michael Cöllen / Mathias Jung

Liebe in Zeiten der Unverbindlichkeit

Eros und Ethos

unter Mitarbeit von Ulla Holm

Kreuz

Die Menschen haben es jetzt in der Beherrschung der Naturkräfte so weit gebracht, dass sie es mit deren Hilfe leicht haben, einander bis auf den letzten Mann auszurotten. Sie wissen das – daher ein gut Stück ihrer gegenwärtigen Unruhe, ihres Unglücks, ihrer Angststimmung.
Und nun ist zu erwarten, dass die andere der beiden »himmlischen Mächte«, der ewige Eros, eine Anstrengung machen wird, um sich im Kampf mit seinem ebenso unsterblichen Gegner zu behaupten.

Sigmund Freud
Das Unbehagen in der Kultur

Inhalt

Ulla Holm, Michael Cöllen
Einleitung: Projekt Liebe 7

Mathias Jung
Teil 1: Philosophischer Teil
Liebe in Zeiten der Unverbindlichkeit 11

Die Umwertung aller Werte 13
Anything goes – Geht wirklich alles? 25
Die Liebe besiegt (fast) alles 37

Michael Cöllen
Teil 2: Psychologischer Teil
Liebe als Lernmodell: Ethik wächst im Dialog 51

Liebe als Herausforderung 55
Zeugen sprechen für die Liebe 58
Liebe fordert heraus 62
Die Realität spricht gegen die Liebe 65
Ethik des Widerspruchs – Dynamik der Liebe 69
Ethik der Beziehung – Nachhilfe für Politik und Gesellschaft 72

Die Unwägbarkeiten der Liebe 77
Wirklichkeit ist anders – sagen die Politiker 78
Liebe ist unzuverlässig – sagen die Soziologen 82
Liebe ist zu subjektiv – sagen die Psychologen und Psychotherapeuten 89
Dialog statt Missionierung und vorgegebener Ordnung 92

Der Weg des Intimen Dialogs –
Der Weg zu neuer Ethik 96
Intimer Dialog – Strategien zur Ethik 98
Intimer Dialog – eine permanente Revolution 100
Dialogverdichtung – mit allen Sinnen 106
Resonanzenergie – Das Echo der Liebe 108
Polaritätsprinzip – Gott und Teufel 110
Fehlerdynamik – Die Wahrheit beginnt zu zweit 114
Schlussfolgerungen 116

Lernen von Ethik aus Liebe – Einüben als Haltung 119
Die »Weisheiten der Liebe« 120
Die »Drei Gebote der Liebe« 121
Der Intime Dialog beginnt 124
Zur Beziehungskultur 124
Zur Streitkultur 132
Zur Trennungskultur 137
Zusammenfassung 143

Utopie, Vision, Projekt:
Experiment für Friedfertigkeit 145
Einladung zum Streiten und Versöhnen 145
Zur Notwendigkeit einer Streitkultur 146
Theorie zur Streitkultur 148
Thesen einer Streitkultur 152
Die Steuerungsinstrumente für Streit 153
Die Praxis der Streitkultur 156
Das »Experiment für Friedfertigkeit« 157
Psychologie der Liebe – Streitkultur inklusive 163
Anleitung zum »Experiment für Friedfertigkeit« 163
Streitregeln zum »Experiment für Friedfertigkeit« 164

Anhang 169
Erklärungen zur Paarsynthese 170
Literaturverzeichnis 174

Einleitung: Projekt Liebe

Michael Cöllen, Ulla Holm

Längst befinden wir uns in einem Zeitalter, in dem Wunder, Mythen und Rätsel entzaubert sind. Die Vorstellung der Machbarkeit hat seit der Aufklärung die Dimension des Göttlichen abgelöst. Inzwischen ist diese Machbarkeit nicht mehr nur Ideologie, sondern sie ist Realität geworden. Menschen können das Leben auf diesem Planeten vernichten und herstellen; Menschen erklären sich selber. Die Götter zürnen nicht mehr; kein jüngstes Gericht flößt den Menschen mehr Angst ein. Diese Fesseln haben sie abgeworfen.

Nur ist etwas verloren gegangen bei dieser Objektivierung, Wissenschaftsorientierung und Machbarkeitsideologie. Der Verlust liegt in dem, was zutiefst Menschlichkeit ausmacht, nämlich in der Fähigkeit, geistiges Erkennen, sinnliche Wahrnehmung und sittliche Orientierung miteinander zu verbinden. Mit dem Herzen denken – nannte es Petra Kelly.

Sich ethisch an der Vernunft zu orientieren – wie bereits Kant postulierte – hat sich spätestens nach zwei Weltkriegen, Faschismus, den Kriegen und dem Töten auf dem Balkan und in Afghanistan als brüchig erwiesen. Hirnforscher und Gentechnologen suchen und fragen schon kaum noch: »Was darf der Mensch tun, was soll der Mensch tun?« Sie greifen längst nach der medizinischen und naturwissenschaftlichen Machbarkeit und haben sich bis jetzt noch nicht einmal ihre Finger verbrannt.

Woraus lässt sich dann aber noch ein Anstoß zum sittlichen Handeln herleiten? Welche Art von Ethik kann in Zeiten solcher Unverbindlichkeit noch wirksam werden?

Wir sehen in der kreativen Dynamik eines Paares den Ansatz für eine neu zu formulierende Ethik. Es gehört zu ihrem Wesen, Orientierung im mitmenschlichen Dialog zu finden und dadurch sinnhaftes Handeln zu erreichen. Wir wollen damit zu einer Antwort beitragen auf die ewige Frage und Suche des Menschen nach dem, was er tun soll.

Wir erträumen hier keineswegs ein romantisches Liebesideal oder einen Zustand allgegenwärtiger Harmonie und üben Weltflucht. Wir setzen vielmehr bei derjenigen menschlichen Entfaltungskraft an, die ethisches Verhalten für eine würdige Gestaltung von Welt formen kann.

Liebe hat Zeitalter, Gesellschaften und Kulturen überdauert, auch wenn sich ihre äußere Form in Abhängigkeit von Normen und Werten verändert hat. Liebe in seelisch, geistig und körperlicher Beziehung fordert zum Dialog zwischen den Liebenden heraus: Zum Auseinandersetzen und Zusammensetzen, zum Trennen und Sich-Finden, zum Entfalten – seiner selbst und des Anderen. Liebesbeziehung bietet so den Boden für den notwendigen Entwicklungsprozess von Mann und Frau, von Weiblich und Männlich als den polaren Grundprinzipien einer Ganzheitlichkeit. Das Gleichgewicht zwischen diesen beiden Kräften führt zurück zum Gleichgewicht der Welt. Das ist der Ausgang für den Erhalt dieser Erde.

Es ist an der Zeit, die androzentrische Geisteshaltung, die allein den Mann zum Ausgang und Mittelpunkt ihres Denkens gemacht hat, zu verlassen. Gesucht wird stattdessen

Fühlen, Denken und Handeln, das mich und den Anderen im Blick hat. Kognition, Emotion und Ethik fügen sich darin, so Thure von Uexküll in seinem dialogischen Ansatz (Theorie der Humanmedizin 1988), zu einem Ganzen. Eros und Logos zusammen (er)zeugen Ethos.

Liebe als sinnstiftende Kraft nutzt den Erfahrungsraum des Paares mit seinen Licht- und Schattenseiten, mit seinem Glück, seinem Streit, seinen Krisen – mit seiner ganzen Herausforderung für die Liebenden. Durch den jeweils Anderen wird jeder mit einer Deutlichkeit und Klarheit auf die eigenen blinden Flecken hingewiesen wie in keiner Lebenssituation sonst.

Die besondere Dynamik, mit der ein Paar seine Liebe gestaltet, gilt uns als Wegweiser für ethisch richtiges Verhalten – in ihrer höchsten Entfaltung und selbst in ihrem Scheitern. Die Wege dahin sind im Sinn des Praktizierens tätig einzuüben. Daraus abgeleitet werden Erfahrungsräume für Gruppen und Gemeinschaften angestrebt, in denen Liebeskultur, Streitkultur und Trennungskultur immer wieder erprobt werden können. Liebe als praktizierte Ethik wird so hilfreich und wegweisend sein für gesellschaftlich ethisches Handeln.

Die Autoren sind auf verschiedene Weise in diesem *Projekt Liebe* engagiert. Mathias Jung ist in Lahnstein in der Leitung der »Gesellschaft für Gesundheitsberatung« (GGB) und in therapeutischer Praxis tätig. Michael Cöllen arbeitet in Hamburg in Lehre und Ausbildung von Paartherapeuten im Rahmen der »Deutschen Gesellschaft für Integrative Paartherapie und *Paarsynthese*« (GIPP e.V.) und in therapeutischer Praxis mit Paaren. Dem Projekt wird das Konzept der *Paarsynthese*, ein von Michael Cöllen entwickeltes »Lernmodell Liebe«, zugrunde gelegt.

Mathias Jung als Philosoph zeigt im ersten Teil den Stand der heutigen Diskussion und der Realität um ethisches Handeln auf. Er tut dies keineswegs aus dem Elfenbeinturm der Philosophie heraus. Vielmehr argumentiert er hautnah – vermittelnd zwischen Theorie und Praxis – an Hand eigener therapeutischer Fälle.

Michael Cöllen greift im zweiten Teil die Diskussion vom psychologischen Ansatz her auf. Liebe, diese Einheit aus Himmel und Hölle im Paradies auf Erden, wird Ausgangspunkt einer sehr realen Ethik für Menschlichtkeit und Gesellschaftsbildung.

Aber: Irren ist menschlich – so irrt immer wieder auch die Liebe. Daher wird zudem die dunkle Seite der Liebe beleuchtet. Und gerade hier setzt die psychologische Praxis für das *Projekt Liebe* an, nämlich an den Irrungen und Wirrungen des Paares therapeutisch und übend zu arbeiten. Wir zeigen Wege, ethisches Handeln nicht durch *übermenschliche* Institution vorzuschreiben und als *vorgebliche* Ordnung zu verordnen, sondern im Dialog mit dem Partner, den Kindern, mit Freunden, Kollegen und in größeren sozialen Gruppierungen zu finden und einzuüben.

Um dem ganzen Stoff Fleisch und Blut zu geben, stellen wir abschließend das »Experiment für Friedfertigkeit« vor und empfehlen es zur konkreten Umsetzung.

Teil 1: Philosophischer Teil
Liebe in Zeiten der Unverbindlichkeit

Mathias Jung

»Es sind die Gesetze der Psychologie, die den Weg weisen, nicht die des Staates und der Kirche. Die Ehe als erzwungene Monopolinstitution mit Monogamiegesetz und normiertem Verhaltenskodex ist der Tod jeder Liebe, so lange sie als staatliche Reglementierung und kirchliche Zwangsmoral die Liebenden in eine feste Lebensform presst. Gleicht die Liebe einem weit verzweigten Flusslauf mit vielen Nebenarmen und natürlicher Selbstreinigungskraft, wird diese Art von Ehe zu einem kanalisierten und betonierten Flussbett, verliert an Ursprünglichkeit und Kraft.«

(Cöllen, 1993, S.10)

Die Umwertung aller Werte

»Aber das verstößt doch gegen jegliche Sitte und Moral. Du hast mir vor einundzwanzig Jahren vor dem Altar versprochen, in guten und schweren Tagen bei mir zu bleiben, bis dass der Tod uns scheidet. Und jetzt willst du mich wegen dieses Playboys verlassen! Das ist doch ungeheuerlich! Woran soll man denn da noch glauben?«

Mit solchen erregten Worten schrie in meiner Praxis Manfred, Steuerberater, korpulent, Mitte fünfzig, seine verdutzte Noch-Ehefrau Silvia (beide Namen geändert) mit krebsrotem Gesicht an. Die sittliche Ordnung des Abendlandes schien erschüttert.

Was war passiert? Silvia, sechsundvierzig, schlank und sportlich durchtrainiert, musikalisch und geistig beweglich, hatte sich seit Jahren in der Ehe gelangweilt. Der übergewichtige Manfred war esssüchtig und trank wohl auch nach Art eines Spiegeltrinkers zu viel. Mit beiden Verhaltensweisen kompensierte er ein offensichtlich sinnentleert gewordenes Dasein. Denn Manfred kannte nur seine florierende Steuerberatungskanzlei. Er las kein Buch, ging in kein Kino, hörte kein Musikstück. Manfred war ein unergründlicher Schweiger von granitener Verschlossenheit. Längst war die Sexualität zu einem vierteljährlichen Pflichtritual verkommen. Die beiden Kinder, die das Haus mit ihrer Lebendigkeit erfüllt hatten, waren, vermutlich erleichtert, ins Studium entwichen. Die pompöse Villa wurde für Silvia zum goldenen Käfig, wenn nicht zum Totenhaus.

In dieser Situation lernte Silvia, eine begabte Cellistin, in einem Amateurorchester Michael (Name geändert), den Kontrabassisten, kennen. Michael, Witwer mit zwei ebenfalls erwachsenen Kindern, pflegte, im Zivilberuf Architekt, seine weit ausgedehnten musischen Interessen. Er studierte mit besonderer Vorliebe die Partituren klassischer Sinfonien, war hochbelesen, sammelte Bilder, war ein Feinschmecker und Naturfreund, ritt und liebte Pferde. Zu allem Überfluss, so gestand mir Silvia in einer späteren Einzelsitzung verzückt, ist er auch noch schlank und unverschämt hübsch.

Zwischen Silvia und Michael funkte es. Zwei Jahre hielten sie ihre Außenbeziehung geheim vor aller Welt. Aber, wir wissen es alle, die Liebe besitzt eine normative Kraft und fordert ihr Recht, nämlich das nach Legalisierung. Die Geheimhaltung wurde für die Liebenden immer unerträglicher. Als erwachsene Menschen, deren Kinder längst flügge geworden waren, wollte es ihnen auch nicht länger einleuchten, dass sie wie Pennäler ihre Liebe länger verstecken sollten. Beide waren verantwortungsvoll. Sie wollten keinen unnötigen Scherbenhaufen anrichten. Natürlich war Michael alles andere als ein »Playboy« und Silvia kein »Flittchen«, wie der verstörte Ehemann sie beschimpfte.

Silvia nahm die Ruhe eines Kurzurlaubs mit ihrem Mann zum Anlass, ihm ihre ernsthafte Beziehung zu Michael zu eröffnen und eine einvernehmliche, noble Trennung vorzuschlagen. Sie wollte Manfred das gemeinsame Haus als eine Art Heimat für ihn überlassen, um seinen Schmerz zu mildern. Sie bot ihm an, ihm eine Zugehfrau für den Haushalt zu organisieren. Und sie schlug vor, auch in Zukunft Feste mit den studierenden Kindern gemeinsam zu feiern. Kurz, sie tat alles, um Manfred eine Brücke zu bauen. Sie ließ aber auch keinen Zweifel daran, dass die gemeinsame Ehe »*konsumiert*«, also von ihrem Sinn und Zweck verbraucht und zukunftslos sei. Sie bat Manfred, ihr die Außenbeziehung zu verzeihen. Es sei ihr Hilfeschrei nach Überleben und Lebendigkeit gewesen. Sie bot Manfred eine *posteheliche* Beziehung der Freundschaft an. Manfreds Antwort: Er schlug Silvia, sperrte ihre Konten, denunzierte sie in der Familie als, wie er wörtlich sagte, *Hure mit häufig wechselndem Geschlechtsverkehr*.

Natürlich konnte Manfred den Lauf der Dinge nicht aufhalten. Es gelang mir zwar, Manfred in ein moderates Trennungsgespräch mit Silvia zu führen, ihm wohltuende Tränen für seinen unermesslichen Schmerz zu entlocken und ihn für halbwegs befriedende Trennungsregularien zu gewinnen. Aber er verstand die Welt nicht mehr.

Manfred war der Sohn einer erzkatholischen Kleinbauernfamilie. Er konnte und wollte nicht verstehen, wie er es formulierte, dass die Frauen heute nur an Selbstverwirklichung denken und alle geschworenen Eide brechen. Mein Hinweis, dass in der Bundesrepublik zwei Drittel aller Scheidungen von Frauen beantragt werden, die die Nase voll haben von der Gefühlskargheit und Sprachlosigkeit ihrer Partner, goss noch Wasser auf seine rhetorischen Mühlen. Manfred scheute sich nicht, im gleichsam apokalyptischen Wortschwall von der Sittenlosigkeit der Moderne zu sprechen.

Was der Choleriker Manfred uns hier mit nachgerade tragischer Affektivität demonstriert, das ist nichts anderes als der ethische Epochenbruch und *Paradigmenwechsel*, der heute unser Leben bestimmt: Die Umwertung aller Werte.

Der Prozess der *Enttraditionalisierung*, die Verlegung der Normen vom Himmel, dem Staat, der Sippe in das unveräußerliche Ich und in die Intimität der Dyade. Rüdiger Peuckert (1997, S.287ff) formuliert die Diagnose: *»Die tendenzielle Abnahme der normativen Verbindlichkeit und der Attraktivitätsverlust der Institution Ehe sowie die Pluralisierung und Individualisierung der Lebensformen bedeuten nicht nur ein Anwachsen der Optionen, sondern auch eine Zunahme von Verhaltensunsicherheiten, Entscheidungsproblemen und Konflikten.«*

Beinahe zweitausend Jahre galt der dogmatische Imperativ des Evangelisten Matthäus: *»Was nun Gott zusammengefügt hat, das soll der Mensch nicht scheiden.«* Tatsächlich wird, wir wissen es alle, in Deutschland jede dritte Ehe geschieden, in den Großstädten ist es bereits jede zweite. Wenn wir die Ehen ohne Trauschein und ihre Trennungen berücksichtigen, dürfte es inzwischen jede zweite Bindung sein, die sich am Ende nicht mehr als Lebenspartnerschaft, sondern als eine *Lebensabschnittspartnerschaft* erweist. Die Zeiten sind vorbei, in denen Ehen im Himmel geschlossen wurden oder durch eiserne ökonomische Zwänge zusammenhielten, Umtausch ausgeschlossen.

Fast jede Scheidung ist schmerzhaft wie eine Amputation bei lebendigem Leib und ohne Narkose, und doch ist sie inzwischen der gesellschaftliche Normalfall. Meine eigene Mutter war noch 1948 in einer Kleinstadt ein sozialer Ausnahmefall, als sie sich trotz ihrer vier Kinder scheiden ließ. Da sie als Ärztin mit einer großen Praxis über ein hohes Einkommen verfügte, konnte sie sich diesen Tabubruch leisten. Sie wurde aber von der katholischen Kirche für den Fall einer Wiederverheiratung mit der Ankündigung des Sakramentenentzugs bedroht.

Ob theologisch oder juristisch abgeleitet, die gusseiserne Formel von der Unauflöslichkeit der Ehe greift nicht mehr. Man traut heutzutage kaum den eigenen Augen, wenn man die Väter des Bürgerlichen Gesetzbuches (BGB) am Ende des 19. Jahrhunderts bei folgender metaphysischen Begründung der Ehe ertappt: *Der christlichen Gesamtanschauung des deutschen Volkes entsprechend, geht der Entwurf davon aus, dass im Eherecht nicht das Prinzip der individuellen Freiheit herrschen darf, sondern die Ehe als eine vom Willen der Gatten unabhängige sittliche und rechtliche Ordnung anzusehen ist.*

Da stimmt buchstäblich nichts mehr in dieser Begründung. Einmal gibt es keine christliche Gesamtanschauung des deutschen Volkes, nicht in den alten Bundesländern, und schon gar nicht in den neuen Bundesländern, wo der Prozentsatz der Nichtchristen bei über achtzig Prozent liegt. Zum anderen gründet das moderne Ehe- und Scheidungsrecht gerade auf der individuellen Freiheit beider Vertragspartner und zielt längst nicht mehr nur auf das Schuldprinzip, sondern auf das Zerrüttungsprinzip. Keineswegs ist die Ehe in diesem Verständnis eine vom Willen der Gatten unabhängige sittliche und rechtliche Ordnung, sondern sie ist eine jederzeit kündbare und nach Verlauf einer einjährigen Trennungsfrist nicht länger haltbare Beziehung, also ein Vertragsverhältnis mit juristisch knappem Verfallsdatum.

Hinter der *Pluralisierung der Lebensformen* und dem Garantieentzug für die Ehe steht eine gewaltige kopernikanische Wende des geistigen Bewusstseins, die, ganz allgemein, mit der Aufklärung von Denkern wie René Descartes, Thomas Hobbes, John Locke, Leibniz, Montaigne, LaRochefoucauld und Voltaire beginnt, in der deutschen klassischen bürgerlichen Philosophie von Kant bis Hegel einen Höhepunkt findet und mit der Philosophie des Hammerschlags eines Friedrich Nietzsche endgültig das ideologisch geschlossene christliche Universum des Mittelalters zerschlägt. In diesem gewaltigen philosophischen Spektrum entwickelt sich, immer im scharfen Kampf gegen die Kräfte der Reaktion, die *Fragmentarisierung*, *Individualisierung* und *Subjektivierung* der Moral, die Erhöhung des mündigen Individuums zur Norm gebenden sittlichen Instanz. Immanuel Kant postuliert säkular: *Der Richterstuhl der Vernunft ist im Innern des Menschen aufgeschlagen.*

Was von den Aufklärern zur allgemeinen Maxime der Öffentlichkeit und der Gesetzgebung erhoben wurde, machte naturgemäß vor dem Privatleben nicht Halt. Wer die Gängelung des Bürgers durch Thron und Altar angriff, der meinte je schon auch die Abwehr der weltlich-kirchlichen Zensoren in das intime Ehe- und Sexleben. Kant, der Allzermalmer der Metaphysik, also der philosophische Zertrümmerer fundamentalistischer kirchlicher Doktrinen, begründete in seiner legendären Preisschrift *Was ist Aufklärung* (1784) die Individualisierung der modernen Lebensformen. Er erkannte: »*Aufklärung ist der Ausgang des Menschen aus seiner selbstverschuldeten Unmündigkeit. Unmündigkeit ist das Unvermögen, sich seines Verstandes ohne Leitung eines anderen zu bedienen. Selbstverschuldet ist diese Unmündigkeit, wenn die Ursache derselben nicht am Mangel des Verstandes, sondern der Entschließung und des Mutes liegt, sich seiner ohne Leitung eines anderen zu bedienen. Sapere aude! Habe Mut, dich deines eigenen Verstandes zu bedienen! ist also der Wahlspruch der Aufklärung.*«

Fremdbestimmung, Vermeidung der eigenen Individuation, ängstliche Akzeptanz institutioneller Normen hat etwas, so Kant, mit mangelndem Mut zu tun: »*Faulheit und Feigheit sind die Ursachen, warum ein so großer Teil der Menschen, nachdem sie die Natur längst von fremder Leitung freigesprochen (...), dennoch gerne zeitlebens unmündig bleiben; und warum es anderen so leicht wird, sich zu deren Vormündern aufzuwerfen. Es ist so bequem, unmündig zu sein.*« Kant erkannte auch, dass die herrschenden Instanzen in den Ministerien und Konsistorien aus gutem Grund ihr konservatives Kulturlamento vom Untergang des Abendlandes anstimmen: »*Dass der bei weitem größte Teil der Menschen (...) den Schritt zur Mündigkeit, außer dem, dass er beschwerlich ist, auch für sehr gefährlich hält, dafür sorgen schon jene Vormünder, die die Oberaufsicht gütigst auf sich genommen haben.*«

Kant (1724–1804), der unter den bedrückenden Umständen Preußens lebte und den Bildungsausschluss der so genannten niederen Volksschichten, vor allem aber der Frauen, geißelte, rückte den unterdrückten Geist seiner feudal-absolutistischen Zeit mit schneidenden Worten ins Bild: »*Es ist also für jeden Menschen schwer, sich aus der ihm beinahe zur Natur gewordenen Unmündigkeit herauszuarbeiten. Er hat sie sogar lieb gewonnen und ist von der Hand wirklich unfähig, sich seines eigenen Verstandes zu bedienen ... daher gibt es nur wenige, denen es gelungen ist, sich aus der Unmündigkeit herauszuwickeln und dennoch einen sicheren Gang zu tun.*«

Jene Mündigkeit, die wir heute, stärker als alle Generationen vor uns, in der Wahl und in der Abwahl unserer menschlichen Beziehungen, besonders der Ehe, praktizieren können, beschwört Kant bereits optimistisch in seiner

Aufklärungsschrift: »*Dass aber ein Publikum sich selbst aufkläre, ist eher möglich; ja es ist, wenn man ihm nur Freiheit lässt, beinahe unausbleiblich. Denn da werden sich immer einige Selbstdenkende sogar unter den eingesetzten Vormündern des großen Haufens finden, welche, nachdem sie das Joch der Unmündigkeit selbst abgeworfen haben, den Geist einer vernünftigen Schätzung des eigenen Werts und den Beruf jedes Menschen, selbst zu denken, um sich verbreiten werden ... Zu dieser Aufklärung aber wird nichts erfordert als Freiheit; und zwar die unschädlichste von allem, was nur Freiheit heißen mag, nämlich die: von seiner Vernunft in allen Stücken öffentlich Gebrauch zu machen.*«

Von seiner Vernunft in allen Stücken öffentlich, aber auch im intimen Beziehungsmilieu Gebrauch zu machen – das ist es. Die christliche Ehe mit ihrem metaphysischen Unterbau, ihrem totalitären wie ubiquitären Anspruch gerät in einen schweren Konflikt mit der Lebensphilosophie der Autonomie und Mündigkeit des Individuums, wie sie in dem *Projekt Moderne* der Aufklärung formuliert wird. Noch einmal Rüdiger Peuckert (1997b, S. 289 ff): »*Ehe und Elternschaft gelten nicht mehr als selbstverständliche Lebensperspektiven, sondern avancieren zum Gegenstand freier Wahl und individueller Entscheidung. Die alte Gleichung »wenn Liebe, dann Ehe, dann Elternschaft«, die das bürgerliche Familienmodell kennzeichnet, hat sich entkoppelt. (...) Die Herauslösung aus traditionellen Lebenszusammenhängen erhöht einerseits die Autonomie, Selbstbestimmungsmöglichkeiten, Handlungsspielräume und Wahlmöglichkeiten. Der Lebenslauf wird offener, individuell gestaltbarer. Andererseits führt Freisetzung auch zum Geltungsverlust der Sicherheit (...) Eine tendenzielle Rangverminderung haben die traditionellen Pflicht- und*

Akzeptanzwerte erfahren; an Bedeutung gewonnen haben Selbstentfaltungwerte wie die Betonung von Unabhängigkeit, Gleichbehandlung und Selbstverwirklichung. Kennzeichnend für die Wertwandlungsprozesse sind ihre Widersprüchlichkeit und die Vermischung von alten und neuen Wertvorstellungen …, in deren Folge sich ein zunehmend heterogenes und diffuses instabiles System von (teilweise konkurrierenden) Normen und Werten herausbildet.«

Die Soziologen Beck/Beck-Gernsheim (1994c) nennen diesen ambivalenten Prozess des Verlustes des alten Wertehimmels und der Selbstkreation neuer Werte durch das Individuum mit seinen tendenziell unendlichen Optionsmöglichkeiten *riskante Freiheiten*. Friedrich Nietzsche, der größte Psychologe unter den Philosophen, hat als Erster mit fulminanter Wucht diese riskanten Freiheiten analysiert. Er ortet die Grundbefindlichkeit des modernen Menschen in dem Epochenbruch nach dem Tod des mittelalterlichen Universums. In seinem Werk *Menschliches, Allzumenschliches* (1878) spricht Nietzsche in paradoxer Zuspitzung von der *Unsittlichkeit* des modernen Menschen. Natürlich meint er nicht dessen Amoral, sondern den Verlust der alten, standardisierten Sittlichkeit der Vorfahren: *»Im Verhältnis zu einer Lebensweise ganzer Jahrtausende der Menschheit leben wir jetzigen Menschen in einer sehr unsittlichen Zeit: Die Macht der Sitte ist erstaunlich abgeschwächt und das Gefühl der Sittlichkeit so verfeinert und so in die Höhe getragen, dass es ebenso gut als verflüchtigt bezeichnet werden kann.«*

Jeder von uns Spätgeborenen (Nietzsche) muss heute seine eigene, sozusagen unsittliche Sittlichkeit setzen. Denn Sitte bedeutet die herkömmliche Art, zu handeln und abzuschätzen. Nietzsche greift dem Individualisierungsschub der kommenden Jahrhunderte antizipatorisch vor: »*Je weniger das Leben durch Herkommen bestimmt ist, um so kleiner wird der Kreis der Sittlichkeit. Der freie Mensch ist unsittlich, weil er in allem von sich und nicht von einem Herkommen abhängen will.*«

Der Prozess der gesellschaftlichen Modernisierung, und damit auch die strukturelle Instabilität moderner Paarbeziehungen ist Freiheit und Freisetzung zugleich, das Letztere im Sinn von Beziehungskündigung. Nietzsche urteilt grundsätzlich: »*Ursprünglich gehörte die ganze Erziehung und Pflege der Gesundheit, die Ehe, die Heilkunst, der Feldbau, der Krieg, das Reden und Schweigen, der Verkehr untereinander und mit den Göttern in den Bereich der Sittlichkeit: Sie verlangte, dass man Vorschriften beachtete,* ***ohne an sich*** *als Individuum zu denken.*«

Die Regularien der Vorschriften zerbrechen immer stärker. Banal gesprochen: Noch in den fünfziger Jahren musste ein Katholik sonntags, unter Androhung des Verlustes seiner bürgerlichen Reputation, zum Gottesdienst in die Kirche gehen. Eine Frau durfte im Alltag keine langen Hosen anziehen und nicht allein ein Restaurant aufsuchen. Solche Normen wären heute lächerlich. Die Institutionen und Ideologen, die das Individuum unter ihren Sittenkodex pressten, sind verschwunden oder stark geschwächt. Jetzt erst vollzieht sich, nach Nietzsche, die moralische Geburt des Individuums, das die Werte umwertet und seine individuelle Moralität in einer potenziell unendlichen Suchbewegung herausfinden, umstoßen, neu formulieren und wieder in Frage stellen muss.

Mit diesem schlechten Gewissen, eine eigene Sittlichkeit finden zu müssen, schlagen wir Kinder der Moderne uns heute alle herum, ganz besonders in der Liebe. Die grundsätzliche Offenheit des Lebens macht uns offen wie nie, aber es ängstigt uns auch zugleich wie jede Aufklärung. Wo wir den Kinderglauben an das Christkind und den Osterhasen verlieren, werden wir frei, aber im gleichen Atemzug findet auch die *Entzauberung* der Welt durch die Wissenschaft (Max Weber) statt. Die hochentwickelte säkulare, das heißt nicht mehr religiös geprägte Industriegesellschaft setzt jeden von uns unter einen immensen Individualisierungsdruck. In der Not, wenn alle Dämme haltender Instanzen zu brechen drohen, greifen wir, wie Manfred gegenüber seiner Silvia, auf die magischen Beschwörungen religiöser oder juristischer, transpersonaler und überzeitlicher Sittengesetze zurück.

Es nützt uns nichts. Vergeblich ist die cholerische oder depressive Beschwörung traditioneller lokaler, familiarer, ständischer oder religiöser Bindungen. Die Umwertung aller Werte macht vor der Liebe nicht halt. Offensichtlich liegt in der Liebe selbst die Norm des Menschen, im Mikrokosmos der Beziehung der Makrokosmos der Menschlichkeit begründet. Es ist die Spur, der Michael Cöllen, Ulla Holm und ich in diesem Buch nachgehen.

Silvia jedenfalls, deren neue Liebe zu Michael sich als wetterfest erwies und in eine glückliche Ehe ohne Trauschein mit zwei getrennten Wohnungen *(apart together, getrennt zusammen)* mündete, folgte der schöpferischen Moralität von Liebe und emotionaler Vernunft: Sie setzte der Treue zur alten Beziehung die essenziellere *Treue zum Ich* entgegen. Silvia sagte zu mir: *»Ich würde mich und meine Entwicklung verraten, wenn ich aus bürgerlicher Wohlanständigkeit oder Angst vor Manfreds Drohungen* *und möglichen finanziellen Einbußen in der alten unlebbaren Beziehung verharrte. Die Liebe ist mein Wegweiser.«*

Wie sagte der Aphoristiker LaRochefoucauld in seinen Notaten *Spiegel des Herzens* (1678) so pfeilspitz:

»Sich zur Treue zwingen, ist nichts mehr als Untreue.«

Anything goes – Geht wirklich alles?

Aus der Liebe lässt sich keine Institution machen.
(Friedrich Nietzsche: Menschliches, Allzumenschliches)

Auftritt des zweiten Paares: Ulrike (38), Erzieherin, und Stefan (41), Programmierer (Namen geändert). Sie kommen hilfesuchend in meine Paarberatung. Nichts läuft mehr, weder privat noch beruflich. Sie repräsentieren eine so genannte Patchwork-Familie, also jene *offene* Familie oder *Nachfolgefamilie*, die sich in diesem Fall aus je zwei Kindern aus den beiden ersten Ehen und aus einem gemeinsamen einjährigen Baby zusammensetzt.

Ulrike und Stefan haben jeweils eine schwere Beziehungsbiografie hinter sich. Ulrike wurde von ihrem Mann noch während ihrer zweiten Schwangerschaft wegen einer jüngeren Frau verlassen. Sie musste entwürdigend um die gesetzlichen Unterhaltszahlungen kämpfen. Stefans Frau tötete sich mit einer Überdosis von Barbituraten, als die Ärzte nach einer beidseitigen Brustamputation das Auftreten neuer Krebsmetastasen diagnostizierten.

Bereits im Eröffnungsgespräch mit dem liebenswerten, tapferen und tüchtigen Paar ist das Verdrängte und Unaufgearbeitete in beiden Seelen förmlich mit den Händen zu greifen. Ulrike verbirgt unter der hauchdünnen Firniss weiblichen Charmes eine abgrundtiefe Wut gegen die Rücksichtslosigkeit der Männer, wie es ihr später in einer Einzelsitzung spontan herausrutscht. Stefan wiederum scheint mir mit seiner nie gelebten Trauer – er hatte sich, zusammen mit seiner Mutter, um seine kleinen Kinder kümmern müssen – in eine hermetische Innerlichkeit und mystische Religiosität zu flüchten. Die Liebe droht jetzt an der Fragmentarisierung des Alltags, dem eminenten Arbeitsdruck und den drängenden Individuationswünschen beider zu versanden. Wie meist bewegt sich auch die Sexualität auf den Gefrierpunkt zu.

Ulrike und Stefan realisierten im Sinn der modernen Geschlechterdemokratie ein emanzipatorisches Beziehungsmodell, in der sich beide zeitlich paritätisch um alle fünf Kinder kümmerten. Ebenso mit der Apothekerwaage ausgemessen reduzierten sie ihr berufliches Engagement auf ein halbes Deputat: Ulrike arbeitete vormittags bis ein Uhr an ihrer Arbeitsstelle im Kindergarten, während Stefan das Baby versorgte und die beiden schulpflichtigen Kinder in die Grundschule brachte und das Mittagessen kochte. Auf die Minute genau um dreizehn Uhr brach er in seine Firma auf, um kurz nach achtzehn Uhr wieder nach Hause zurückzukehren. Wäsche machen, bügeln, putzen, die Kinder ins Bett bringen besorgten sie beide gemeinsam. Dies ging eine Zeit lang halbwegs gut. Es durfte allerdings keiner krank werden, dann geriet die generalstabmäßig geplante Logistik der Patchworkunternehmung in Unordnung. Die Zeitinseln für das Paar waren äußerst knapp bemessen, der Gedanke an einen Urlaub ohne Kinder entpuppte sich als blanke Utopie.

Woran sich die schleichende Ehekrise entzündete, das waren der Druck der Arbeitsverhältnisse einerseits und die Bedürfnisse nach Selbstverwirklichung andererseits. Stefan, ein tüchtiger Computerfachmann und arbeitsfroher Mensch, geriet immer stärker mit dem Chef seiner mittelständischen Firma aneinander. Dieser wünschte nicht nur, seinen Top-Mitarbeiter rund um die Uhr zur Verfügung zu haben, um der drängenden Auftragslage nachzukommen, sondern ihn auch zu wichtigen Firmenkontakten in das Ausland zu schicken, das Letztere um so mehr, als Stefan fließend englisch und französisch sprach. Für den Fall seines umfassenden Engagements offerierte der Chef Stefan nicht nur eine attraktive Gehaltserhöhung, sondern auch die Platzierung in der Chefetage. Stefan stand vor einem schweren Konflikt, der sich ihm, wie er mir gestand, als unauflösbare Antinomie äußerte: *Soll ich die Kinder der Karriere opfern oder die Karriere den Kindern?*

In seiner Not verlegte sich Stefan auf das Beten. Das war das »*Krisenrepertoire*« seiner Kindheit gewesen. Umgekehrt steckte jedoch auch Ulrike in einer Krise. Ohnehin waren ihr die fünf Kinder über den Kopf gewachsen, genauer die zwei von Stefan eingebrachten Mädchen, denn sie hingen abgöttisch an ihrem Vater und ließen sich nur von ihm etwas sagen. Sie lehnten die auf Disziplin drängende Ulrike nach klassischem Märchenschema als böse Stiefmutter ab. Ulrike sehnte sich außerdem nach mehr Zeit und nach einem Zimmer für sich. Sie wollte wieder Kontakte mit ihren Freundinnen pflegen, Ausstellungen und Kinos besuchen und einen Volkshochschulkurs in Jazztanz wahrnehmen. Sie fühlte sich in der täglichen »Familienadministration« eingemauert.

Als Freidenkerin tat sie sich mit Stefans religiöser Introversion und Schicksalsergebenheit schwer. Auf keinen Fall wollte sie jedoch auf ihre alltägliche Berufstätigkeit verzichten, denn diese verankerte sie mit der Welt draußen und forderte ihre Intelligenz und Weiterbildung heraus. *»Wenn Stefan das Angebot seines Chefs wahrnimmt, zehn Stunden am Tag im Beruf verschwindet und sich auf Geschäftsreisen verflüchtigt«*, meinte Ulrike bitter, *»dann vertrottele ich hier zu Hause und verbringe meine nächsten zehn Jahre im Buschkrieg gegen seine eifersüchtigen*

Gören.« Gören sagte sie. An der abschätzigen Bezeichnung lässt sich das Ausmaß ihrer Wut ahnen.

Was uns hier in der aporetischen, also brückenlos scheinenden Situation zweier Liebender begegnet, sind der Glanz und das Elend eines historisch revolutionären Individualisierungsprozesses, der sich in der dynamischen Wohlstandsgesellschaft vor unseren verblüfften Augen vollzieht. Ulrich Beck (1983) konstatiert: *»Es ist ein historisch spezifischer ›Individualisierungsschub‹, in dessen Verlauf auf dem Hintergrund eines relativ hohen materiellen Lebensstandards und weit vorangetriebener sozialer Sicherheiten durch die Erweiterung von Bildungschancen, durch Mobilitätsprozesse, Ausdehnung von Konkurrenzbeziehungen, Verrechtlichung der Arbeitsbeziehungen, Kürzung der Erwerbsarbeit (...) die Menschen in einem historischen Kontinuitätsbruch aus traditionellen Bindungen und Versorgungsbezügen herausgelöst und auf sich selbst und ihr individuelles »(Arbeitsmarkt)Schicksal« mit allen Risiken, Chancen und Widersprüchen verwiesen wurden und werden.«*

Was früher das Privileg weniger Menschen war, ist heute der Regelfall für alle: ein eigenes Leben führen, mit allen Chancen und Risiken. Das zeigt sich am Drama von Ulrike und Stefan. In diesem Sinn klagte denn auch Ulrike unter Zustimmung von Stefan in einer der Paarsitzungen: *»Mein Gott, wie war das alles anders bei meinen Eltern. Sie lebten zwar fast vierzig Jahre bis zu ihrem Tod in einer unerfüllten Ehe mit wenig Gefühlen und schlechtem Sex, aber dafür war alles geordnet. Mein Vater war Beamter, die Mutter hantierte am Herd. Es herrschte strenge Ordnung. Wir Kinder wussten, wo wir dran waren. Dennoch möchte ich nicht mit meiner Mutter tauschen.«*

Von einer Verdammung zur Individualisierung sprechen die Soziologen Ulrich Beck und Elisabeth Beck-Gernsheim (1994). Im Unterschied zur Sozialgeschichte noch bis in die sechziger Jahre des letzten Jahrhunderts ist unsere Biografie heute nicht mehr durch ein vorgegebenes Rahmenwerk bestimmt. Nicht länger fügen wir uns ein in ein System, das von Staat, Gesellschaft, örtlichen Bindungen, Familien-, Religions-, Klassen- und Schichtgehörigkeit, Geschlechtsrolle und Altersjahrgang bestimmt ist. Die Moderne entbindet das auf sich selbst gestellte Individuum, das sich tastend durch die Konjunktive des Lebens bewegt, ständig auswählt, sich in Brüchen und oftmals in den Mehrfachbeziehungen einer *seriellen Monogamie* entwickelt.

Alles muss der Einzelne für sich selbst, ohne die *pattern*, die normativen Muster der Eltern, seines Berufs, seines Klassen- und Geschlechtsstandes, lösen: die berufliche Spezifikation, die Wahl des Wohnortes, Mietwohnung oder Haus, Stadt oder Land, Lebens- und Wohnungsstil, Verhütung, Kinderzahl, Single sein, Heirat, Scheidung, Wochenendbeziehung, Treue oder Außenbeziehung, politische Position, Religiosität und Spiritualität, »postmodernes Outfit«, die Formen von Geselligkeit, Hobbys, Sport, Mitgliedschaften in Bürgerinitiativen, Vereinen oder einer Partei, ja selbst die abendliche Wahl zwischen dreißig TV-Kabelprogrammen vom konservativen *Musikantenstadl* bis zur feministischen Frauensendung *Mona Lisa.*

Es geht uns Kindern der Moderne, vor allem aber uns Paaren, wie dem *Mann ohne Eigenschaften.* Der Held von Robert Musils gleichnamigem Jahrhundertroman wurde ein Opfer seines *Möglichkeitssinns* (Musil): Weil dem jungen Millionär und geistigen Enzyklopädisten von der Ingenieurwissenschaft bis zur Metaphysik, vom Eremitendasein bis zur Affäre mit einer verheirateten Frau, vom Werterelativismus bis zur Religiosität alle nur denkbaren Optionen des Menschlichen offenstanden, empfand er das um so bedrängender. Die Qual der Wahl lähmte den sensiblen Helden der Moderne.

Das ist schon schwer genug für das Individuum. Aber wie soll sich erst ein Paar auf diesem potenziell unendlichen *Markt der Möglichkeiten* zurechtfinden? Welches sind die Kriterien der Auswahl? Steckt hier nicht, wie wir es bei Ulrike und Stefan beobachten können, eine Quelle der Missverständnisse und Unvereinbarkeiten dahinter? Tagtäglich hat das Paar heute neu zu entscheiden: Geben wir die Kinder auf das Gymnasium, eine Gesamtschule oder eine Waldorfschule? Machen wir den Urlaub in den Alpen oder in einem Hotelkomplex an der türkischen Riviera, Animationen für die Kinder inklusive? Soll das Auto praktisch sein oder ist es ein Statussymbol? Wir müssen Entscheidungen treffen über Haustiere, Fitness, Teilnahme an Gruppen und Volkshochschulkursen. Wir streiten uns über Reiki, Pendeln, Horoskope und Wünschelrutengängerei. Wir privilegieren oder verdammen Shiatsu oder Akkupressur, Steak oder Vollwertkost. Wir müssen uns entscheiden, ob wir politisch rechts oder links agieren, ob wir Macho oder Softie, Hausfrau oder Berufstätige, Freigeister oder Esoteriker sein wollen.

Was uns moderne Menschen rastlos umtreibt, ist die Frage nach der persönlichen Identität jenseits vorgegebener Rollen und sozialer Schnittmuster. Noch nie waren wir so unsicher gegenüber den drei berühmten Fragen Immanuel Kants: *Woher kommen wir? Wohin gehen wir? Was sollen wir tun?* In einem wahren Sinnsuchetourismus durchwandern wir die Weltanschauungsprovinzen und halten mehrere Nebenwohnsitze. Letztlich ist der Gott des modernen Individuums das Individuum selbst. In der pluralistischen Gesellschaft machen wir die Erfahrung, auf uns selbst gestellt zu sein. Meine Sehnsucht ist individuell. Sie ist nicht berechenbar, nicht standardisierbar, nicht vorhersagbar. Wir Weltanschauungstouristen von heute begeben uns auf eine Reise mit offenem Ende, der Hauptwohnsitz scheint unbekannt.

Es geht uns, so scheint es, wie jenem gallizischen Wunderrabbi Meir, der sagte: *Wenn der Herr mich im Jenseits fragen wird: »Meir, warum bist du nicht Moses geworden?« – so werde ich ihm sagen: »Herr, weil ich Meir bin.« Und wenn er mich weiter fragen wird: »Meir, warum bist du nicht Ben Akiba geworden?« – so werde ich gleichfalls sagen: »Herr, weil ich eben Meir bin.« Wenn er aber fragen wird: »Meir, warum bist du nicht Meir geworden?« – was werde ich dann antworten?*

Längst bewegen wir uns nicht mehr an den Geländern sicherer Weltanschauungen. Wir leben in einer Welt der selbst geschaffenen Künstlichkeiten, der Artefakte. Der Alltag ist entroutiniert. Mit einer Art *Landstreichermoral* (Ulrich Beck) vagabundieren wir durch die wechselnden Zeitläufe. Nichts ist schwerer geworden, als eine feste Weltanschauung zu gewinnen. Meist begnügen wir uns mit dem touristischen Sammeln von Weltanschauungssouvenirs. Es ist, wenn man so will, eine Angst machende und eine heroische Situation gleichermaßen. Ulrich Beck resümiert in *Riskante Freiheiten* grundsätzlich: *»Der Mensch wird (im radikalisierten Sinne Sartres) zur Wahl seiner Möglichkeiten, zum homo optionis. Leben, Tod,*

Geschlecht, Körperlichkeit, Identität, Religion, Ehe, Elternschaft, soziale Bindungen – alles wird sozusagen bis ins Kleingedruckte hinein entscheidbar und muss, einmal zu Optionen zerschellt, entschieden werden.«

Das Skript der zeitgenössischen Lebensregie heißt Individualisierung und Vereinzelung. Das Leben wird, was Philosophen wie Heidegger, Jaspers, Arendt, Camus und Sartre konstatierten, zum existenziellen Wurf ins Ungewisse. Was die Existenzphilosophie des letzten Jahrhunderts programmatisch umriss, das erleben wir heute alle in der Banalität des Alltags und vor dem Hintergrund unserer Beziehung.

Martin Heidegger sprach von der Grundbefindlichkeit der *Angst* und prägte den Begriff der *Geworfenheit*. Karl Jaspers würdigte als Arzt und Philosoph die *Grenzsituationen* des Menschen, von denen das *Wissen um den eigenen Tod* die erschütterndste und forderndste ist. Hannah Arendt stellte dem *Vorlaufen zum Tode* (Heidegger) die *Nativität* entgegen, die *Gebürtlichkeit*. Damit meinte sie den je neuen Anfang eines Menschen und der Menschheit, der mit der Geburt eines Kindes beginnt und ein *initium*, einen Neuanfang des schöpferischen Selbst bildet. Auch jedes Paar, so möchten wir ergänzen, setzt mit seiner Paargeburt einen einzigartigen, kreativen Neuanfang. Düsterer sprach Sartre von der menschlichen *Einsamkeit vor dem Nichts* und rühmte doch dialektisch zugleich das *Verdammtsein zur Freiheit*.

Auf die private Existenz übersetzt, fordern diese Nötigung zur Freiheit und die Individualisierung des Lebens von uns, statt der Jahrtausende alten Traditionalisierung des Lebens jetzt die Verunsicherung auszuhalten. Dieses

Abenteuer der Individuation besteht nicht jeder und schon gar nicht jedes Paar. Der Soziologe Beck beobachtet: *»Man nehme, was man will: Gott, Natur, Wahrheit, Wissenschaft, Technologie, Moral, Liebe, Ehe – die Moderne verwandelt alles in »riskante Freiheiten«. Alle Metaphysik, alle Transzendenz, alle Notwendigkeit und Sicherheit wird durch Artistik ersetzt. Wir werden, im Allgemeinsten und Privatesten – zu Artisten in der Zirkuskuppel: ratlos. Und viele stürzen ab.«*

Was bedeutet das für die Paarevolution, den Weg des partnerschaftlichen Wachstums? Hören wir noch einmal das Soziologenpaar Beck, diesmal in seiner Studie *Das ganz normale Chaos der Liebe: »Frauen und Männer sind heute auf Zwangssuche durch Ehe ohne Trauschein, Scheidung, Vertragsehe, Ringen um Vereinbarkeit von Beruf und Familie, Liebe und Ehe, um »neue« Mutterschaft und Vaterschaft, Freundschaft und Bekanntschaft hindurch. Das alles ist unwiderruflich in Bewegung geraten.«*

Für die Beziehung bedeutet dies ein Novum historischer Art: *Die Gemeinschaft der Liebenden wird zur Suchgemeinschaft.* Das Leben wird zur Baustelle, der Mensch zur Bastelexistenz. Wir sind, wie nie zuvor, die Architekten unserer Beziehung. Der Plan entsteht beim Bauen. Wir müssen ihn fortlaufend ändern. Aus der religiösen, gesellschaftlichen oder Standesmoral wurde längst eine *Konsensmoral.* Das Wort Konsens stammt vom lateinischen *consentire*, das heißt wörtlich *miteinander empfinden*. Erlaubt ist, was dem Paar gefällt, worüber sich zwei Liebende einigen. Jedes Paar entwickelt einen je spezifischen Wertekosmos für sich, besonders in den Fragen des Treuebegriffs, der Kindererziehung, der Finanzen, der persönlichen Spielräume und der politisch-sozialen Positionierung. Dabei gründet es die Beziehung auf das Zerbrechlichste aller Fundamente – die Liebe.

In diesem Sinn sind wir Fundamentalisten, weil wir unser ganzes Lebensgebäude gleichsam auf die Religion der Liebe setzen. Dann stellt sich jedoch die alles entscheidende Frage: Ist die Liebe ein trügerischer Flugsand oder ein *fundamentum absolutum,* das die Paarethik der Moderne trägt?

Anything goes, alles ist erlaubt und prinzipiell akzeptierbar, so formulierte der Philosoph Paul Feyerabend einmal das Strukturprinzip der modernen Ethik. Er meinte damit das grandiose Moment der Befreiung, den Reichtum zahlloser, je zu erobernder virtueller Welten in der Biografie des heutigen Individuums. Unser Leben, so gab Feyerabend zu verstehen, könnte immer auch ein anderes sein. Wir leben im existenziellen Konjunktiv. Was immer wir sind, es ist eher zufällig. Das Sein ist, wie moderne Denker es definieren, inkontingent, letztlich unzusammenhängend. Aber enden wir hier nicht in der postmodernen Beliebigkeit?

Wenn alles fließend, zufällig, punktuell sein soll, wird dann nicht auch die Beziehung zu einem beliebig auswechselbaren Versatzstück des modernen Lifestyles? Ist die Liebe von der postmodernen Beliebigkeit tödlich infiziert? Ist es zu einem Zeitpunkt, in dem Ehen nicht mehr als lebenslänglich wasserdicht gelten, sondern unter dem Verschleißrisiko einer Scheidung stehen, nicht vermessen, auf die Liebe zu setzen? Auch wenn die Individuen heute besser gerüstet sind für die Trennungskatastrophe und der Angebots- und Nachfragemarkt unter den Geschiedenen einen wahren Boom erlebt, ist die Liebe in den Zeiten der Unverbindlichkeit nicht ein Anachronismus, eine romantische Illusion? Müssen wir nicht zugeben, dass es kein Generalmodell einer intimen Partnerschaft mehr gibt?

Gewiss, wir haben eine Fülle unterschiedlicher soziologischer und psychologischer Modelle, wie eine Paarbeziehung idealiter krisenfester laufen könnte: Da sind die *emotional und sexuell gleichberechtigte Beziehung, die Verhaltens- und Interaktionsmoral und die serielle Monogamie,* da gibt es die *Kultur des Zweifelns* (Ulrich Beck), von denen Letztere Raum für andere Paar-Erfahrungen öffnen.

Gewiss gibt es auch eine freie Sexualmoral, die sich den Teufel um den »obersten Junggesellen« in Rom schert. Wen interessiert es heute noch, ob etwa der Papst in seiner dogmatischen »Unfehlbarkeit« daran festhält, dass der Samen nur zwecks Fortpflanzung auf die Reise geschickt werden darf oder dass in den konservativen Südstaaten der USA der Oralverkehr de jure verboten ist? Und wer heute das weltberühmte Lehrwerk *Psychopathia sexualis* von Richard von Krafft-Ebing von 1886 liest, der staunt, was die »Wissenschaft« seiner Zeit unter den Begriffen *Aberration*, also Abweichung vom Normalen, und *Perversionen* subsummierte. Was der Psychiater noch als abnorm katalogisierte, also die sadistischen, masochistischen und fetischistischen Praktiken, das steht heute in den Beate-Uhse-Shops, den erotischen Fachmessen und den Salons der Dominas jeder Liebhaberin und jedem Connaisseur zur Verfügung. Leder- und Latexpärchen konsumieren Spezialpartys. Sexuell promiskuitive Menschen frequentieren heute ohne Gewissensbisse Swinger-Clubs. Vom *One-Night-Stand* und *Quicky* bis zur Lebensbindung mit ihren *ehelichen Pflichten* ist ein weites Feld.

Alles geht? Nichts geht mehr? Aber selbst wenn, statistisch gesehen, fast jedes zweite Paar langfristig das eheliche Handtuch wirft, dann heißt das im Umkehrschluss, dass das andere Paar das Projekt Liebe, mit welchen Blessuren auch immer, schafft! Bedeutet feste und entwicklungsfähige Beziehung nicht vielleicht doch Heimat in einer rasenden Welt? Ist es vielleicht ein archetypisches Bedürfnis von uns, uns vor aller Welt zu einem anderen Menschen bekennen zu dürfen? Tut es gut, sich auch für jene schlechten Tage Verantwortung zu versprechen, an die unsere *Fun-Society* nicht denken mag? Sind wir wirklich nur spaßsüchtige Individualisten? Oder ist, im Gegenteil, die Dyade, jene prae- und postnatale Zweisamkeit von Mutter und Kind, die platonische Uridee aller Liebenden, trotz aller Differenzierung und Individualisierung des modernen Menschen? Emanzipieren sich Frauen und Männer von- oder füreinander? Ist Erich Fromms Liebesformel *Ich brauche dich, weil ich dich liebe* vielleicht nicht doch unsterblich?

Praktizieren nicht alle Liebenden dieser Welt tagtäglich praktische Ethik? Könnte diese neue Beziehungsethik mit ihrer Achtsamkeit und Verantwortlichkeit, mit ihrer Toleranz, Kreativität und dynamischen Entwicklungsfähigkeit nicht sogar zum Modell einer neuen Gesellschaftsethik werden? Könnte uns eine solche Paarethik Widerstandskräfte verleihen gegen die soziale Kälte des Neoliberalismus?

Die Liebe besiegt (fast) alles

Liebe ist eine Produktion.

Bertolt Brecht

Erneuter Auftritt unseres zweiten Paares: Ulrike und Stefan sind verzweifelt, denn sie lieben sich. Aufgrund der Schwere ihres früheren Lebens verstehen sie sich als eine Schicksalsgemeinschaft. Beide sind klug und voller Tiefe, aber auch stark unterschiedlich in ihrer Mentalität, in ihren geistigen Vorlieben und ihrer Temperamentenlage. Die Paartherapie ist nicht einfach. Sie erforderte vom Paar wie von mir als Therapeutem Geduld, Wohlwollen, detektivisches Geschick und das bisweilen explosionsartige Ausagieren von Wut, Schmerz, Trauer und Fassungslosigkeit der beiden. Dann geschieht, in einem längeren Zeitraum, jenes Wunder, das eigentlich jede gelungene Paartherapie ausmacht – die bildende Kraft der Liebe. Es ist dies ein evolutionärer Prozess, der, wie Michael Cöllen definiert, drei Kräftepotentiale gleichzeitig verknüpft und ins Gleichgewicht bringt: *Die Eigendynamik jedes einzelnen Menschen, die Paardynamik zweier Liebender und die Lebensdynamik aller auf das Paar einwirkenden Umweltkräfte (Das Paar, München 1989).*

Die Eigendynamik war beträchtlich. Stefan sah sich vor die Chance seines Lebens gestellt, eine einmalige Berufskarriere zu verwirklichen. Das war vor dem Hintergrund seiner Biografie umso bedeutsamer, als er als Kind und Jugendlicher nach der Scheidung der Eltern – er war zu diesem Zeitpunkt acht Jahre alt – zum Schulversager und Einzelgänger wurde und auch das Fachhochschulexamen nicht eben glanzvoll absolviert hatte. Er fühlte sich viele

Jahre lang wenig männlich, war unsportlich und in keine männliche Gemeinschaft integriert; selbst die Bundeswehr hatte er aufgrund einer Herzinsuffizienz verlassen müssen. Zum ersten Mal erlebte er unter seinem partriarchalisch-gütigen Chef, der gleichsam die Vaterrolle ihm gegenüber übernahm, Anerkennung und Förderung. In der ehelichen Kollusion, dem verborgenen Zusammenspiel des beiderseitigen Unbewussten, hatte er bislang die Rolle des unmündigen, gehorsamen kleineren Bruders übernommen. Er war in seiner Ursprungsfamilie der gegängelte Jüngste von drei Kindern gewesen.

Ulrike wiederum war ein *»Alpha-Tier«*, nämlich die Älteste von drei Geschwistern, die sie, wie sie einmal lachend erzählte, *wie ein General kommandierte.* Sie war eine energische Vater-Tochter von männlicher Dominanz und hatte die sanft-hingebende Mutter innerlich abgelehnt. Entsprechend war Ulrikes *anima*, ihre weibliche Seele, unterentwickelt. Aus dieser Grundkonstellation beider Eigendynamiken schien es mir wichtig, Stefans beruflich-männliche Konturierung, den *animus*, also seine schwache männliche Seele zu stärken. Umgekehrt galt es aber auch, im Zusammenwirken mit Ulrike eine Lösung zu finden, ihr die verstärkte Mutterschaft zuzumuten, sie gleichzeitig zu entlasten und ihr eine familienunabhängige Eigenperspektive für die Zukunft zu eröffnen. Aber wie?

In der Paardynamik war bei Ulrike und Stefan die Schieflage unübersehbar. Die beiden betrieben ein vertikales, hierarchisches Beziehungsmodell, in der Ulrike führte, die Werte bestimmte und Stefan wie ein Hilfsarbeiter gehorchte. Wie sich im Verlauf des schmerzhaft aufdeckenden therapeutischen Verfahrens zur Verblüffung aller Beteiligten herausstellte, hielt Ulrike vom Beruf ihres

Mannes nichts. Das Technische, die digitale Logik der Computer-Philosophie erschien ihr als, wie sie sagte, *banal und ungeistig.* Sie hielt alle Techniker für Flachköpfe. Die Tatsache, dass Stefan mit seinem Gehalt drei Viertel des Familienbudgets bestritt und sie nur ein Viertel, hatte sie einfach verdrängt. Als Tochter einer bürgerlich kultivierten Familie mit Bibliothek und Hausmusik galt für sie nur das Geistige. Dass sie im Abiturzeugnis in Mathematik die Note *ungenügend* und in den Fächern Physik, Chemie nur *genügend* hatte und ein Analphabet in den Naturwissenschaften wie in der handwerklichen Praxis war, das trug Ulrike wie den Orden einer bildungsbürgerlichen Auszeichnung. Bislang hatte sie Stefans naturwissenschaftliches Denken, seine cartesianische Logik und Leistung verachtet.

Das wiederum kränkte Stefan um so mehr, als diese hohe naturwissenschaftliche Rationalität seine Lebensleistung bedeutete und er selbst aus kleinen Verhältnissen ohne Bildungshintergrund kam. Es war einer der Höhepunkte der Therapie, als sich Ulrike in einem klassischen tiefenpsychologischen Ritual vor Stefan verbeugte und mit Tränen existenzieller Erschütterung den Satz aussprach: *Stefan, ich achte dein großes Können und deine Leistung.*

Doch auch Stefan hatte auf der Ebene der Paardynamik seine Bringschuld zu leisten. Als ängstliches Nesthäkchen, das er im Grunde seines Kinderherzens immer noch war, verhielt er sich in der Ehe klammernd, klebrig, symbiotisch und kontrollierend. Er duldete grundsätzlich keine Babysitterin, weil, wie er sagte, *die Kinder immer Vater und Mutter brauchen.* Immer? *Ja, immer*, bestätigte Stefan auf meine Nachfrage und wollte nicht einmal dulden, dass die Kinder gelegentlich über Nacht die – immerhin vierfach vorhandenen – Großeltern besuchten. Auch eigenständigen Aktivitäten von Ulrike stand Stefan äußerst reserviert gegenüber. *Jazztanz*, so belehrte der chronisch Eifersüchtige abschlägig seine Frau, sei *nur ein Vorspiel zum Gruppensex.*

Stefan stand in seiner klammernden Angst Ulrikes Selbstständigkeit und Entwicklung im Wege. Er kränkte sie mit seiner armseligen Eifersucht, dieser dunklen Schwester der Liebe. Dass er sich dabei selbst kleinmachte und in dem ihm so wohlvertrauten *Minderwertigkeitskomplex* (Alfred Adler) verharrte, wurde ihm in dem Augenblick bewusst, als ihn Ulrike in der Therapie geschlagene zehn Minuten anschrie und in ein kaum enden wollendes Schluchzen ausbrach. So dramatisch verläuft oft die Kurve des paartherapeutischen Kardiogramms. Stefan demonstrierte sein Erwachsenwerden in der Beziehung, als er seinerseits sich vor Ulrike verneigte und den Satz aussprach: *»Ich liebe dich, und ich werde dich nicht mehr klammern.«*

Es blieb die Aufgabe, die Lebensdynamik der auf Ulrike und Stefan einwirkenden Umweltkräfte, das Geflecht der Konfliktverletzungen zu begreifen und einen neuen schöpferischen Partnerstil und Paarraum zu schaffen. Es konnte nicht angehen, Ulrike auf die Binnenwelt der Familie einzuschränken, ihre Autonomie und soziale Anerkennung zu schwächen. Insgesamt brauchte das Paar dringend Unterstützung in seiner beiderseitigen beruflichen und privaten Überforderung. Die Lösung bewegte sich in Richtung eines klaren *neuen Beziehungsvertrages* und sofort greifender erleichternder Interventionen. Ulrike und Stefan fanden selbst eine Vereinbarung, die den Interessen der Frau, des Mannes und der Kinder den Umständen entsprechend entgegen kam: Stefan wurde eingeräumt, seinen Beruf ganztägig zu erfüllen, aber, unter Hinweis auf die fünf Kinder, Geschäftsreisen auf ein Minimum zu beschränken. Durch die drastische Gehaltserhöhung wurde vor allem Ulrike entlastet. Die beiden stellten ein Au-pair-Mädchen ein und verdreifachten die Stundenzahl der bereits vorhandenen Putzfrau. Bettwäsche, Blusen und Hemden wurden zum Waschen und Bügeln abgegeben, für den Garten ein Rentner aus der Nachbarschaft angeheuert. In einer genauen Vereinbarung regelten Stefan und Ulrike die Zahl der gemeinsamen Abende, aber auch die Freizeit, die jedem Einzelnen zur Verfügung steht, inklusive Jazztanz! Ulrike hielt den neuen Beziehungsvertrag sogar schriftlich in einem mehrfarbigen Computerausdruck fest. Höhepunkt der Abmachung war für Ulrike, dass Stefan sich bereit erklärte, dass sie sich nach Ablauf von vier Jahren, *wenn die vier älteren Kinder aus dem Gröbsten heraus sind*, durch eine Weiterfortbildung für eine Leitungsfunktion im sozial-pädagogischen Bereich qualifizieren wird.

In der filigranen Arbeit der einjährigen Paarsitzungen begannen Ulrike und Stefan jeweils die *Wahrheit des Anderen* zu begreifen. Sie wüteten und sie weinten. Sie baten um Verzeihung und sie verziehen. Sie durchleuchteten die verinnerlichten Beziehungsmuster ihrer Eltern, erkannten weibliches und männliches Rollenverhalten. Sie schlossen das Museum der Verletzungen und bezogen in *Familienkonferenzen* (Gordon) die älteren Kinder – ihre *Terroristen*, wie sie ironisch formulierten – in die neue Ordnung ihrer Patchworkfamilie ein.

Ich werde nie vergessen, wie schön das Bild war, als sechs Familienmitglieder, Stefan, Ulrike und die vier älteren Geschwister, in meinem schönen Praxisraum mit glänzenden

Augen wie vor einem großen Familienspektakel saßen. Ulrike durfte ihren Zorn auf Stefans Töchter, wie sie sagte, *auskotzen*, aber auch die »Gören« schlugen wacker zurück und hatten manch starke Argumente gegenüber der leicht zwanghaften Stiefmutter und ihren Ausfällen gegen die leibliche Mutter auf ihrer Seite. Der Austausch, bei dem die emotionalen Wellen hochschlugen, hatte eine reinigende Wirkung wie ein Sommergewitter und führte ebenfalls zu klaren, neuen Vereinbarungen.

Für die beiden durchaus schwierigen, an ihrer komplizierten Situation krankenden Töchter von Stefan war es, wie sich zeigte, ein Durchbrucherlebnis, nach dem Zorn auch die tiefe Verwundung zu sehen, die sie Ulrike mit ihrer hartnäckigen Opposition zugefügt hatten. Am Ende der Paartherapie sagte Stefan unter Zustimmung von Ulrike zu mir: *»Das war wie ein Erziehungsprozess. Wir haben unseren Weg gefunden. Die Liebe hat uns geleitet.«*

Warum erzähle ich diesen Einzelfall so ausführlich? Um den Gewinn der Paartherapie zu illustrieren? Dies sicher auch, denn jedem Paar möchten Michael Cöllen und ich die Gnade eines solchen emotionalen und intellektuellen Wachstumprozesses in der Liebe gönnen und dringend anraten. Will ich den Beweis führen, dass Liebe eine Suchbewegung ist und auch Arbeit bedeutet? Auch dies. La-Rochefoucauld sagt: *»Die Liebe muss wie das Feuer immer wieder angefacht werden. Sie stirbt, wenn sie zu hoffen oder zu fürchten aufhört.«* Bertolt Brecht formuliert es noch knapper: *Liebe ist eine Produktion.*

Das alles ist richtig, aber es ist noch nicht die Hauptsache. Die Paarvignette von Ulrike und Stefan zeigt, wie beinahe jede andere beliebige kasuistische Schilderung aus dem therapeutischen Alltagssetting, dass die postmoderne Beliebigkeit nicht das letzte Wort behält. Es gibt vielmehr ganz augenscheinlich eine *Ethik, die aus der Liebe erwächst*. Oberstes Gebot dieser autonomen, sich selbst das Gesetz gebenden Beziehungsethik ist die Maxime der Ausgewogenheit des gegenseitigen Gebens und Nehmens. In der Eigenaktivität der Liebenden und Streitenden liegen die Modalitäten, die Seinsweisen einer demokratischen privaten und öffentlichen Moral begründet.

Wir sind, so scheint mir, mit dem Zusammenbruch institutioneller Moralmonopole nicht sittenlos geworden. Wir erfüllen, im Gegenteil, im evolutiven Prozess der Paarbeziehung Nietzsches Forderung nach einer neuen, authentischen Sittlichkeit, deren Herz im Menschen und nicht mehr in starren gesellschaftlichen Instanzen schlägt. Die Fähigkeit zu lieben ist ebenso in jedem von uns angelegt wie die dazugehörigen Grundkategorien des Menschlichen. Michael Cöllen (1997) nennt dies zu Recht eine *dyadische Anthropologie,* also eine Menschenlehre, die optimistisch auf der Psychologie des Paares und seiner Harmonie- und Wachstumsfähigkeit fußt.

Hier, im Spannungsgeschehen heterosexueller wie homosexueller Paare, sind alle ethischen und sozialen Fähigkeiten zu lernen, deren der Mensch und die Menschheit bedürfen. Die Fähigkeiten müssen nicht von außen in die Liebe implantiert werden, sie sind vielmehr deren wesensgemäßer Ausdruck: Achtsamkeit und Achtung, Fürsorge und Wohlwollen, konstruktive Aggression und Abgrenzung, die Balance von Nähe und Distanz, Versprechen und Versprechungen halten, Irrtum und Neuanfang, Verzeihen und um Verzeihung bitten, Begreifen und Versöhnen, abschiedlich existieren und neu anfangen, Toleranz und Neugier, *Friedensarbeit zwischen Frau und Mann, die Versöhnung der Geschlechter – und damit auch der Völker und Kulturen* (Cöllen 1997). Leben-Lernen als Entwicklungsprozess privater wie öffentlicher Partner, Ganzheit in der Verschiedenheit, die Feier der Ekstase, die Freude an Intellekt und Sinnlichkeit, die Verschmelzung des Männlich-Weiblichen in einem Menschen und in einer Gesellschaft. Die Paarevolution und die Fähigkeit zur Paarsynthese im gemeinsamen Wachstumsprozess erscheint als Genotyp und Urzelle humaner Existenz und erdumspannender Menschlichkeit.

Das ist ein streitbares, dialektisches, von Unruhe erfülltes ethisches Modell der Paarethik aus dem Fundus der Liebe selbst. Es ist ein Modell, das uns das Scheitern einer Beziehung – und immer wieder werden Beziehungen scheitern – als Elemente eines weltschöpfenden Prozesses begreifen lässt. Das vermeintlich Private erweist sich, so gesehen, als eminent Politisches, als eine menschliche Suchbewegung mit aufbauender, korrigierender, schöpferischer und grundsätzlich unversiegbarer Kraft.

Es gibt, das zeigt die Paardynamik, eine Moral der Intimität. Sie kann uns zu den Höchstformen einer *konvivialen* Ethik beflügeln, dem Vermögen, einander zu ehren und zu würdigen, sich zum Anderen zu bekennen und für ihn zu sorgen, Verständnisarbeit zu leisten, kurz, die Werte des essenziellen Miteinanderlebens zu entfalten.

Diese aus der Beziehungsethik des Paares erwachsene *Konvivialität* versteht sich als gefühlshaft und sozial verantwortungsvoll. Sie ist, gegenüber der kalten *share-holder-value-Philosophie* eines globalen Marktegoismus auf Kosten des kleinen Mannes und der Dritten Welt, eine *ordre du coeur*, eine *Ordnung des Herzens* oder eine *logique du coeur*, eine *Logik des Herzens*, wie sie der Mathematiker und Philosoph Blaise Pascal (1623–1662) entwickelt hat. Der Denker stellte sie dem *esprit de géometrie* gegenüber, also jener *instrumentellen Vernunft*, die dreihundert Jahre später der deutsche Philosoph Max Horkheimer in seiner *Kritik der instrumentellen Vernunft* als Krisenfanal einer in die Technik verliebten, gefühls- und wertfreien Wissenschaft rügte.

In ihrem großen Werk *Gefühl und Urteilskraft. Ein Plädoyer für die emotionale Vernunft* (1998) warnt die Philosophin und Psychologin Carola Meier-Seethaler: *Emotionsloses Denken führt immer zu partieller Wertblindheit.* Das heißt, das Gefühl hat ebenso eine Erkenntnisfunktion wie der rein kognitive Verstand – und wo wäre mehr Gefühl als in der liebenden Suchbewegung? Hier liegt die Chance, in einer universell gerichteten Beziehungsethik Verstand und Gefühl zu verschmelzen und als Ressourcen für den sozialen und politischen Frieden zu nutzen. Carola Meier-Seethaler urteilt kritisch: *»Solange man allerdings die eine Fähigkeit jeweils auf Kosten der anderen kultiviert und den Männern das Wissen und die Macht und den Frauen das Gefühl und die Ohnmacht überlässt, kann sich die emotionale Vernunft über den Bereich des Privaten hinaus kaum etablieren. Deshalb wird eine kritische Erkenntnistheorie allein die Strukturen unserer Gesellschaft nicht verändern, sondern nur im Kontext mit zähen politischen Bemühungen um die entsprechenden Wirkungsräume für beide Geschlechter und für beide erkenntniskritischen Potenzen.«*

Eine Beziehungsethik aus dem Geist durchgearbeiteter Partnerschaft und der Akzeptanz des Weiblich-Emotiven wie des Männlich-Kognitiven, wenn eine so pauschale Zuordnung überhaupt gewagt werden darf, könnte diese denn auch einer männlichen Logik und technologischen Machbarkeitsideologie Einhalt gebieten, die unseren schönen blauen Planeten von Tschernobyl bis zur Klimakatastrophe verhunzt und sich in der Hightech-Medizin zur plasphemischen Hybris steigert.

Eine Ethik, die aus der Liebe erwächst, ist, im Unterschied zu vielen ethischen Begründungen, ihrem Wesen nach nicht monologisch, das heißt aus dem Impuls eines singulären Denkers entsprungen, sondern sie ist dialogisch wie das Paar in seinen Nöten und Sehnsüchten, seinen Widersprüchen und Synthesen selbst. Das markiert, philosophisch betrachtet, eine Wende. Es war der bereits früher erwähnte Karl Jaspers, der in seinem dreibändigen Hauptwerk *Philosophie* die Verarmung des Wahrheitsbegriffes auf rein logische Stimmigkeit und Operationalität ablehnte und ihn stattdessen mit der existenziellen Begegnung mindestens zweier Menschen verknüpfte. Der Philosoph betonte den humanistischen Beziehungsaspekt der Wahrheit: *Wahrheit ist, was uns verbindet.* Und: *In der Kommunikation hat Wahrheit ihren Ursprung*.

Wahrheit ist Kommunikation. Sie ereignet sich in der existenziellen Begegnung zwischen Menschen, in der Teilnahme am je einmaligen Lebensvollzug des Anderen und dessen Grenzerfahrungen. Diese höchste Form der existenziellen Kommunikation ist nach Jaspers die persönliche Liebe. Sie ist mehr als nur subjektive Gefühlsgewissheit. Sie ist, nach Jaspers sokratischer Formulierung, ein liebender Kampf um letzte Aufrichtigkeit in der Suche nach dem bedingungslos Guten. Wahrheit ist solcher Art *Existenzerhellung*. Existenzerhellung ist Wahrheit. So formuliert denn auch ganz im Sinne Jaspers der Frankfurter Paartherapeut Michael Lukas-Möller in einem berühmten Buchtitel *Die Wahrheit beginnt zu zweit* eine Devise der französischen Troubadoure.

Wie Paare sich verlieren und wiederfinden, das ist, wie ich bei Ulrike und Stefan, aber auch all den anderen Paaren in meiner Praxis erlebe, nicht bis ins Letzte rational nachvollziehbar. Es gibt so etwas wie einen magischen oder mythischen Rest in vielen Beziehungen, der einen hohen Bindeeffekt enthält. Der Mensch lebt nicht vom Brot allein. Er begründet sich auch in märchenhaften und mythischen Chiffren, Vorbildern und Zusammenhängen.

So verriet mir einmal ein Paar, dass es mit eigentümlicher Suggestion das Märchen *Hänsel und Gretel* liebe. Maria und Martin (Namen geändert), beide Gymnasiallehrer, identifizierten sich mit diesem Märchen, denn sie waren von ihren Ursprungsfamilien her geschundene und verwahrloste Kinder. Sie lernten sich im Studium kennen und fühlten sich, wie sie berichteten, *unattraktiv und als Underdogs.* Sie unterstützten sich durch dick und dünn. Martin half seiner »Gretel« durch alle Examen, Maria ihrem »Hänsel« durch die Fährnisse der Gefühle und der Erotik. Gemeinsam steckten sie die *Hexe unserer bösen Vergangenheit,* wie sie es nannten, in den Backofen und brachten wahre Diamanten von Lebensschätzen aus dem dunklen Märchenwald des Lebens heim. Der Geist des alten deutschen Märchens verhalf ihnen zu einem gelungenen Narrativ ihres so schwer begonnenen und so erfolgreich gemeisterten gemeinsamen Lebens.

Was bedeutete denn der altrömische Mythos von Philemon und Baucis anderes als unser Verlangen, der Unwirtlichkeit des Lebens ein friedvolles gemeinsames Alter und Sterben entgegenzusetzen. Der Tübinger Paartherapeut

Hans Jellouschek hat in seinem Buch *Beziehung und Bezauberung. Wie Paare sich verlieren und wieder finden, gespiegelt in Märchen und Mythen* (2000) die wegweisende Kraft der Mythen ausgewiesen.

Wir erinnern uns: Die Götter Jupiter und Merkur kommen in Menschengestalt nach Phrygien. Überall werden sie mit ihrer Bitte um ein Nachtlager abgewiesen. Nur das fromme alte Ehepaar Baucis und Philemon bewirtet die Gäste köstlich. Beim Abschied lässt Jupiter die Häuser der bösen Nachbarschaft in einen See versinken und verwandelt die gastfreundliche Hütte der beiden Alten in einen goldbedeckten und mit Marmor ausgelegten Tempel. Dann erlaubt er ihnen einen Wunsch. Sie brauchen nicht lange, ihren Herzenswunsch zu entdecken. Philemon bittet: *Priester zu sein und euren Tempel zu hüten, das verlangen wir. Da wir in Eintracht unser Leben zugebracht haben, ende es auch für beide zur selben Stunde, damit weder ich das Grab meiner Gattin sehen, noch sie mich unter den Hügel bringen muss.*

Das Wunderbare geschieht. Als sie, gebeugt vom hohen Alter, nebeneinander als Tempelhüter vor den heiligen Stufen stehen, erkennen sie, wie aus ihren Leibern Laub sprießt. Ovid beschließt in seinen *Metamorphosen*, den *Wandlungen*, die Ewigkeit dieser archetypischen Liebe mit den Worten: *Sie sagten sich Lebewohl, während schon die Rinde ihre Münder verschloss und sie zu Bäumen geworden waren.*

So kann es uns gelingen, eine individuelle und allgemeine Ethik zu entwickeln, die aus der Liebe erwächst. Der Affekt der Liebe geht aus sich heraus. Er macht uns weit, statt uns zu verengen. Die Arbeit der Liebe fordert uns auf, uns ins Werdende tätig hineinzuwerfen. Sie hilft uns, dem Engherzigen und Feindseligen in uns Abschied zu sagen. Sie befähigt uns mitzuhelfen, eine menschliche Welt zu errichten.

Wie erkannte doch der römische Dichter Vergil (70–19 v. Chr.) in seinen *Eklogen: Amor vincit omnia. Die Liebe besiegt* – fast – *alles.*

Teil 2: Psychologischer Teil
Liebe als Lernmodell: Ethik wächst im Dialog

Michael Cöllen

Unbestreitbar müssen neue Ideen geboren und Regeln gefunden werden, um der heute vorherrschenden wahllosen Ausbeutung von Mensch und Natur entgegenzutreten. Es wächst das ahnungsvolle Unbehagen an unserer Kultur, dass es keiner menschlichen Autorität oder Instanz mehr gelingt, verbindliche Antworten auf die immer dringendere Suche nach einer umfassenden Ethik für die längst globalisierte Welt zu geben.

Es gibt nur ein Motiv, das stark genug wäre, Menschen aller Rassen, aller politischen Lager und aller Religionen im Innersten anzusprechen. Dies liegt in der tiefen Sehnsucht eines jeden Menschen nach Liebe. Leben und Lieben sind in der *Psychologie der Schöpfung* eng miteinander verbunden.

Liebe befähigt zunächst einmal zwei Menschen, dann aber auch eine Gruppe oder eine Gemeinschaft, aus sich selbst heraus verantwortlich miteinander umzugehen. Sie leitet uns aus eigenem Streben. Sie will ohne Zwang und Druck von Außen oder von Oben *herzlich* miteinander umgehen, *emotionale Vernunft* walten lassen, konstruktiv und konfrontativ wirken und so zur Erhaltung der Erde beitragen. Leben gründet im Lieben.

So sprechen wir von den *Fünf Würden des Paares*:

Stimulation: Die Partner regen sich gegenseitig an, erregen einander und schwärmen füreinander; sie passen sich an, ordnen sich unter und erheben den Anderen.

Konfrontation: Die Partner fordern sich heraus und hinterfragen sich gegenseitig; sie drängen und ringen um Veränderung; sie kämpfen um Achtung und Würde; Aggression wandelt sich großmütig in fördernde Energie. In der Abgrenzung erwacht die Sehnsucht nach dem Du.

Evokation: Partner sind verständig und klug miteinander; sie warten in großer Geduld aufeinander, bis neue

Schritte möglich werden; sie sehen das Gute aneinander und sind langmütig, das eigene Herz zu gewähren.

Integration (*Versöhnung*): Die Partner streben danach, Gegensätze zu überwinden, und erfreuen sich an der Eigenart des Anderen. Sie verbinden die Verschiedenheiten zu einem Ganzen und bauen Brücken füreinander. Sie befreien sich von den Polen der Einsamkeit und feiern das Mysterium der Zweisamkeit.

Kreation: Geborgen und sicher im Schoß des Anderen sprudeln die Partner wie Kinder vor Lebensfreude. Alle Lebenskräfte werden geweckt. Sie befruchten einander und schicken ihre Phantasien in die Welt. Sie spenden einander Lust und heilige Versenkung.

Liebe als Herausforderung

Liebe Leserin, lieber Leser – auch die größte Leidenschaft braucht geduldige Pflege zu ihrem Erhalt. So bitte ich zu Anfang darum, mich erst eine etwas mühsame Theorie-Strecke zu begleiten. Sie ist unerlässlich. Danach wird es umso leichter, in anschaulicher Praxis und mit hilfreichen Falldarstellungen.

Es wird von vielen Seiten viele Einwände geben, intime Liebe zum Ausgangspunkt einer neuen Ethik machen zu wollen. Wissenschaftler aller Richtungen werden Bedenken anmelden. Theologen könnten einwenden, dass eine solche Ethik ohne jeden Bezug zu einer transzendenten Entsprechung, ohne eine religiöse Verankerung nicht sinnhaft sein kann und von daher nicht Bestand haben wird. Soziologen werden argumentieren, dass Liebe als subjektiv-emotionales und oft zwiespältiges Erleben keine allgemeingültige Orientierung ermöglicht. Psychologen werden behaupten, dass Liebe in ihrer vorwiegend emotionalen und weitgehend unbewusst gesteuerten Dynamik immer instabil sein wird. Politiker, seit dem Entstehen der multikulturellen Gesellschaft mit der Ethik–Frage noch mehr als bisher überfordert, werden ihr altes Argument hervorholen, dass Liebe doch Privatsache sei und sich eine darauf aufbauende Normgebung von selbst verbiete.

Alle diese Einwände sind durchaus berechtigt und sollen auch hier nicht leichtfertig beiseite gestellt werden. Aber trotz aller Einwände und Bedenken: Die Grundzüge für eine evolutionsgemäße Ethik aus der Liebe abzuleiten, soll ruhig die Zweifler auf den Plan rufen. Mehr noch aber die Mutigen und Neugierigen, die bereit sind, am sinnvollen Umbruch der Gesellschaft mitzuwirken, statt in gewohnten Denkmustern zu verharren und sich ohnmächtig zu fügen.

Unser Ansatz hat nicht den Anspruch, eine alles vereinende Idee für die Wendung zum Guten im Menschen zu finden, die all die Jahrhunderte währenden Bemühungen auf diesem Weg ersetzt. Eine Idee allein ist immer falsch – nur in der Vernetzung mit anderen erlangt sie Wahrheit. Deshalb schreibt der Weltenkenner Oscar Schmitz schon 1922 (S.236), dass es nicht eine neue Idee allein sein kann, die die Verwirrung dieser Welt wieder ordnet: »Wir wissen, dass jede Idee in sich Wahres birgt, dass aber keiner allein die Welt zu retten vermag, weil ja alle den eigenen Gegensatz immer in sich tragen. Wo das Gute ist, ist auch das Böse. Darum ist jede Idee schlecht, die allein die Idee sein will.«

So geht es uns nicht um die Frage, ob, sondern wie dieses Grundmotiv der Liebe mit-wirken kann beim Entfalten ethischen Verhaltens, und wie ihre Wirksamkeit auf eine größere Gemeinschaft oder Gesellschaft übertragen werden kann – also nicht allein auf den Mikrokosmos des Paares begrenzt bleibt. Betroffene sind wir alle – ob höchste Politiker, Kirchenväter, Konzernchefs oder einfache Fließbandarbeiter, Lotsen oder Zöllner.

Kaum überraschend: In der Paartherapie, auf die wir als Autoren unsere Erfahrung gründen, sind sie alle gleich. Alle sind sie herausgefordert, ihr Bestes zu geben in der Liebe, und alle erfahren schmerzlich ihr menschliches Versagen.

Lieben heißt die Freude am Leben mit anderen Menschen leidenschaftlich teilen, im Austausch von Körper, Geist und Seele. Mit allen Poren den Strom des Lebens in sich aufnehmen und anderen dieses bewegte Fließen weitergeben, das ist Aufgabe, Erfüllung und höchste Lust zugleich. Dieser Austausch gelingt aber nur im gleichberechtigten Wechsel von Geben und Nehmen. Damit dieser möglich wird, bedarf es nicht nur der Anpassung an den Anderen, sondern auch der Durchsetzung und Konfrontation mit ihm – jedoch in wohlwollender Weise. Nur so können Blockierungen beseitigt, Fehler ausgeglichen und Ängste überwunden werden. Dass dazu Schmerzen und Leiden, letztlich auch Zerstörung, Sterben und Tod gehören, schmälert den Glanz der Liebe und ihr ständig allüberall vorhandenes Wirken nicht.

Gerade in der Wechselwirkung von Licht und Schatten bildet die Liebe das entscheidende Fundament von Ethik und Moral: Sie ist in ihrer Zwiespältigkeit, mit ihrem Hin- und Her-Gerissensein zwischen Hingabe und Abgrenzung und ihrem ständigen Wandel die realste Erscheinung im menschlichen Leben überhaupt. Sie stellt der Logik der Mathematik die Logik der Emotion an die Seite: *cogito ergo sum* in Verbindung mit *sentio ergo sum*. Zusammen erst wird dies lebendiger Ausdruck menschlichen Seins. Diese Dynamik des »Sowohl-als-Auch« bestimmt unser wesensgemäßes Handeln. Also müssen wir Liebe als Grundlage humaner Konzepte einsetzen, und nicht etwa wissenschaftliche Konstrukte, die der Messbarkeit wegen das Leben in verkürzende Formeln pressen. Der XIV. Dalai Lama (1991, S.14ff) spricht deshalb mit aller Konsequenz von der »Logik der Liebe« selbst.

Die Regeln einer menschlichen Ethik haben sich daher nach dem seelischen Empfinden der Menschen zu richten.

Umgekehrt wird es nicht funktionieren, dass nämlich menschliches Sehnen in standardisierte Normen und *wesensfremde* Ordnung gepresst wird.

Zeugen sprechen für die Liebe

Historisch betrachtet hat es immer wieder vergleichbare Ideen und Projekte gegeben. Die ethische Problemstellung und ihre Diskussionen reichen bis ins antike Griechenland. Alle an dieser Diskussion Beteiligten, von Aristoteles über Kant bis Nicolai Hartmann, greifen auf schon vorhandene Grundpositionen der Ethik zurück. Neu ist, dass die Verantwortung menschlichen Handelns heutzutage planetarische Ausmaße angenommen hat und auch das Leben zukünftiger Generationen umfasst. Es gibt Fakten, die in ihrer Grenzwertigkeit von unkontrollierbarer Wirkung für die Menschen sein werden: Zum ersten Mal ist es möglich, allerdings weltweit (noch) verboten, menschliche Embryonen zu *klonen*, das heißt Leben künstlich herzustellen. Deshalb gibt es nun selbsternannte so genannte »erwachsene« Unternehmer, die, um das Verbot zu umgehen, das Klonen in internationalen Gewässern vorbereiten. Wer aber gibt diesen Wesen eine Seele? Oder werden sie gar keine haben? Und welcher Ethik folgen sie?

Eine Beziehungsethik, die der Kraft der Liebe entspringt, kann dazu beitragen, dieser dramatischen Verantwortung gerecht zu werden und menschlichem Handeln – privat wie politisch – eine haltbare Orientierung zu bieten.

Auf der Suche nach Quellen und Wegen für eine lebenswirkliche Ethik und Ideen zu einer neuen Beziehungskultur haben wir an vielen alten und ehrwürdigen Stationen

Halt gemacht. So wird schon im *Gilgamesch*, dem ältesten Schrift-Epos der Welt, Menschlichwerdung erst durch die Vereinigung von Frau und Mann gedacht. Platon (1957, Kap. 14–16, S. 46–54) steuert uns sein berühmtes Gleichnis vom Urwesen der Kugelmenschen, am Rücken verbunden, mit je vier Beinen, Armen und zwei Köpfen bei. Wegen ihrer die Götter bedrohenden Mächtigkeit von Zeus in zwei Hälften geteilt, suchen sie fortan in verzehrender Liebes-Sehnsucht nach ihrer verlorenen Hälfte. Und im »Gastmahl« lässt Platon Sokrates berichten, dass Eros, der älteste aller Götter, elternlos zugleich mit dem Chaos der Welt erschaffen wurde. Er ist es, der Schöpfer und Geschöpf auf diese Weise miteinander verbindet. Als jüngster der Götter gilt Eros ebenso, da er in jeder neuen Seele mitgeschaffen wird und diese erst zum individuellen Walten bringt. Eros ist nach Platon in allen und allem: die Begierde des Getrennten, die Einheit des Ganzen zu fühlen. Der Mensch mit seiner Seele spürt dadurch die Möglichkeit, Brücke zwischen Himmel und Erde zu sein, erlebt aber um so schmerzlicher die Spaltung dieser Pole. Allein Eros schafft das Einende der Gegensätze. Auf diese Weise wirkt er Sinn stiftend und Sinn erfüllend.

Bei Platons Schüler Aristoteles hat die Liebe ihren Ort sogar in der praktischen Philosophie, nämlich der Ethik selbst. Lieben heißt für ihn ethisch sein. Der vom Heidentum zum Christentum geläuterte Paulus schreibt entsprechend von den drei menschlichen *essentials*, nämlich Glaube, Liebe und Hoffnung, von denen die Liebe die größte ist.

Zu Zeiten der Renaissance erstellt der Neuplatoniker Ficino (1994, S. 69ff) 1469 eine erste »*Liebestheorie*«. Danach verwirklichen Frau und Mann im Austausch ihrer Seelen göttliches Prinzip und kosmische Ordnung.

Vierhundert Jahre später finden wir eine ähnliche Philosophie bei den französischen Positivisten wieder. Als Gegengewicht zur Aufklärung vertreten Auguste Comte, Charles Fourier und Saint-Simon um 1850 herum das Modell vom »*Liebesstaat*«, in dem ein eigenes »*Ministerium der Liebe*« das enge und notwendige Zusammenwirken von Politik und Leidenschaft regelt. Comte (1992, S. 296ff) schreibt 1844 über die Liebe als »dem höchsten Wesen«. Er formuliert Pläne zur Volkserziehung und zur Reform der Gesellschaft. Mit »kritisch träumender Vernunft« (Helferich) wollen Saint-Simon (1937/1962) und Fourier (1977, S. 44) solche sozialen Strukturen verändern, die an grundlegenden Bedürfnissen des Menschen vorbei gehen. Phantasie und Liebe sind Erkenntniskräfte, die dem rationalen Verstand an die Seite gestellt werden. Fouriers Entwurf einer idealen Gesellschaft bezieht die Befreiung der Frau aus ihrer unterdrückten Position mit ein und rückt die Liebe als mächtigste Triebkraft in den Mittelpunkt seiner Überlegungen.

In der Psychologie des Novalis (1772–1801) als Vertreter des romantischen Universalismus geht es um die Harmonie von Innen- und Außenwelt. Wo sich Schmerz und Wollust berühren, geschieht intensivste Lebenssteigerung. (N. Friedemann, Teil 1, S. 12ff; Teil 4, S. 8ff) Dabei wird die Geliebte zur *Abbreviatur des Universums*, das Universum zur *Elongatur* der Geliebten. Der russische Sozialphilosoph Ouspensky beschreibt 1912 (S. 494; S. 499ff) »*Ein neues Modell des Universums*« und der Ethik, das auf der Kraft des Eros aufbaut. Klages gründet 1921 seine Psychologie auf den »*Kosmogonischen Eros*«. Binswanger definiert 1942 »*Liebe als Grundform menschlichen Daseins*«, Ernesto Cardenal (1981) unterlegt in seinem »*Buch von der Liebe*« allem Leben die Liebe als Sinn.

Erich Fromm definiert Lieben als das sinnvolle Sein gegenüber dem zerstörerischen Haben. Der sensible Philosoph Ton Lemaire schließlich schreibt 1975 seine wundervolle »*Phänomenologie der Zärtlichkeit*«.

Aus einer ganz anderen Welt, und doch mit gleichem Sinnverstehen und Ziel, kommen die chinesischen Taoisten und die indischen Tantriker zu uns. Sie sehen in Liebe, Erotik und Sexualität das universelle Prinzip und die göttliche Kraft, die uns Menschen in den Kosmos einbinden. In der Erfüllung der Lust nehmen wir unseren Platz im großen Kreislauf des Kosmos ein und erfüllen so unsere jeweilige Aufgabe. Verantwortung entsteht durch Lusterfüllung, nicht durch Askese. In der Lust kommen wir Gott am nächsten (Chang 1977, S. 15). Sexualität wird zur sinnlich-sinnhaften Besinnung und Bestimmung der Menschen, zur heiligen Handlung.

Was für eine *unerhörte* Botschaft einer großartigen Kultur im Vergleich zur christlichen Lehre, in der Verzicht besonders auf körperliche Lust auch heute noch zum Ideal erhoben wird.

Ganz ähnlich sieht der Buddhismus Logik und Liebe als zwei Seiten ein und der selben Sache an. Der XIV. Dalai Lama (1991) lehrt unermüdlich diese Einheit von Logik und Liebe und ist sicher einer der beeindruckendsten Zeugen für ein so begründetes Ethik-Verständnis, zumal Buddhisten keinen Unterschied machen zwischen Theorie und praktischer Auswirkung.

Meier-Seethaler (1998) zitiert darüber hinaus in ihrem umfassenden Grundlagenbuch zu »*Emotionaler Vernunft*« (S. 147ff; S. 246f) Pascal, Rousseau, die englischen Moralphilosophen, die deutschen Romantiker, schließlich die modernen Existenzphilosophen und Phänomenologen. Sie alle mahnen immer dringlicher die Liebe als das eigentliche Fundament für eine neue Beziehungskultur und Ethik an.

In diesem Sinn schreibt Maturana (1987, S. 262ff) mit ehernen Worten: *»Dies ist die biologische Grundlage sozialer Phänomene: Ohne Liebe, ohne dass wir andere annehmen und neben uns leben lassen, gibt es keine Sozialisation und damit keine Menschlichkeit.«* Und noch deutlicher: *»Machen wir uns nichts vor: Wir halten keine Moralpredigt, wir predigen nicht die Liebe. Wir machen einzig und allein die Tatsache offenkundig, dass es, biologisch gesehen, ohne Liebe keinen sozialen Prozess gibt.«*

Zahllose Autoren bezeugen auf diese Weise, dass die Liebe der eigentliche Wegweiser zu einem sinnhaften und damit verantwortlichen Leben ist. Trotzdem zeigt sich, dass unsere Suche leider nicht auf dem philosophischen und psychologischen mainstream des Abendlandes und dem heute daraus resultierenden Individualismus aufbauen kann. Wir können uns nur auf eine Nebenlinie der Philosophie mit einem beziehungsorientierten Menschenbild als lebendige Basis für Ethik berufen.

Liebe fordert heraus

Trotzdem macht diese Dokumentation deutlich: Beziehungsethik ist auf politische und gesellschaftliche Strukturen zu übertragen. Die genannten Ansätze sehen alle in der Liebe die Kraft, die aus sich heraus menschliches Sein sinnvoll und konstruktiv gestalten kann. Allen ist die Vorstellung vom sozialen Handeln gemeinsam. Die Versöhnung der Geschlechter ist der Weg statt der Krieg der Geschlechter. Eine Ethik, die aus der Liebe wächst, würde nicht Völker, Kulturen und Religionen diskriminieren, unterdrücken und vernichten.

Die Zeit ist angebrochen, für die Liebe aktiv zu werden. Es gilt, Ideen und Konzepte zur Realisierung dieses Projektes zu entwickeln, hier und jetzt – sofort.

Wir erachten es daher als sinnvoll, ein Unterrichtsfach *Liebe als Kulturtechnik* vom Kindergarten bis zur Universität einzurichten. Die Frau-Mann-Kultur wird im Grundgesetz verankert. Ziel ist es, das Gleichgewicht der Kreisläufe in Natur und Gesellschaft, Technik und Wirtschaft, auf der Erde und im Kosmos zu erhalten. Aus einer solchen Ethik geborene gesellschaftliche Anliegen sind beispielsweise zu vermitteln:

- Befreien statt Unterwerfen,
- Befriedigen statt Entziehen,
- Helfen statt Ausbeuten,
- Vereinen statt Entzweien,
- Würdigen statt Missachten,
- Lieben statt Hassen,
- Herausfordern statt Schweigen,
- Fremdes ehren statt unterdrücken,
- Fehler bearbeiten statt ausmerzen,
- Verzeihen und Versöhnen statt Bestrafen und Rächen.

Mit oder ohne Revolution – eine alltägliche und grundsätzliche Umgestaltung der bisherigen gesellschaftlichen Konventionen ist für dieses Ziel erforderlich:

Beziehungsfreundliche Architektur für private wie für öffentliche Gebäude; Stadt- und Landschaftsplanung unter beziehungsfreundlichen Gesichtspunkten; beziehungsfreundliche Arbeitsstrukturen für Frauen und Männer; bildungspolitischer Einsatz für Beziehungs- und Liebesfähigkeit; Besetzung aller hohen Ämter mit einem Paar;

Politiker haben sich auch für ihr Privat- und Liebesleben zu verantworten, denn wer schlecht mit seiner Frau umgeht, wird auch mit dem Volk nicht gut umgehen; beziehungsorientierte Geschichtswissenschaft und beziehungsfreundlicher Unterricht; dem Papst eine Päpstin, dem Kanzler eine Kanzlerin und den Richtern eine Richterin.

Unser »Projekt Liebe« ist der Versuch, einen Mosaikstein zum Aufbau einer solchen Ordnung beizutragen. Keine *übermenschlichen* Wertvorstellungen sollen dabei aus der Taufe gehoben werden. Wir suchen vielmehr in den Herzen der Liebenden nach einer möglichen Wahrheit, denn ihr Ringen und Kämpfen um emotionale Stimmigkeit, ihr Suchen danach, Eros und Logos, Kosmos und Abwasch miteinander zu verbinden, soll uns Wegweiser sein.

In der Paartherapie erleben wir es täglich: Die Psychologie der Liebe und die Psychotherapie der Paare, die heute in allen psychologischen Beratungseinrichtungen den größten Teil der Arbeit ausmachen, lassen im Mikrokosmos der Zweisamkeit natürlich ebenso viel Zerissenheit im Binnenraum der Partner erkennen, wie dies für die Außenwelt gilt. Aber sie ringen miteinander und wachsen dadurch aneinander.

Wir wollen danach suchen, wie Verliebte, Liebende, Streitende und alte Paare ihre *Moral* trotzdem finden. Können wir dort vielleicht finden, was die Entstehung und Wirksamkeit von Ethik verständlich macht, gerade weil sie nicht von oben verordnet ist? Auch wenn die Einbindung und Prägung durch die bestehende Kulturordnung in uns allen wirksam bleibt? Die alten Werte werden ja nicht verworfen. Sie sind größtenteils beständig. Sie brauchen aber neue Regeln zu ihrer zeitgemäßen Anwendung und menschlichen Wirksamkeit.

Die Realität spricht gegen die Liebe

Dank der modernen Technik bilden sich weltweit buntgemischte Völker-Gesellschaften aus. Offiziell wird das als *pluralistische Gesellschaftsordnung* gehandelt. Die Problemseite daran: Menschliche Werthaltungen, die die Beziehung der Menschen untereinander *sinngültig* regeln, lassen sich nicht einheitlich definieren und verordnen. Ethik und Moral – beide Begriffe meinen dasselbe – nämlich »*Normen und Maximen der Lebensführung, die sich aus der Verantwortung anderen gegenüber herleiten*«, also »*sittliche Grundsätze, die das zwischenmenschliche Verhalten regulieren*« (Zitat Duden, Bd.5, 1982), sind je nach den Wurzeln dieser Patchwork-Gesellschaft zu verschieden.

Es gibt in unseren modernen Kulturen keine einheitlichen Götter mehr, keine gemeinsamen Ideale, keine mit allgemeingültiger Autorität ausgestattete Regierung. Die Politik besteht deshalb meist nur noch darin, durch Aushandeln gerade das Minimum an Übereinstimmung zu erreichen und so eine Art friedliche Koexistenz zu sichern. Das nennt man *Konsens-Moral*. Faktisch bedeutet das Moral auf minimalster Ebene. Jeder soll nach seiner Fasson selig werden. Der Streit um die so genannte *Leitkultur* zeigt einmal mehr, in welche Sackgasse die neue Gesellschaft damit geraten ist.

Im Westen werden Politik und Öffentlichkeit bewusst von Privatheit abgegrenzt. Die »öffentliche Ordnung« darf nicht gestört werden. Aber auch andere, wie beispielsweise der spirituelle Begründer Bhagwan, meinen, dass Liebe und Politik zwei verschiedene Dimensionen sind, die nichts miteinander zu tun haben, nicht vergleichbar sind und vor allem getrennte Aufgaben und Interessen beinhalten.

Bevor wir es wagen, die »Liebe als Lernmodell« für eine öffentliche Ethik verständlich zu machen, ist es unerlässlich, die »Außenwelt« der Paare zu beleuchten. Herrschen dort nicht – zumindest teilweise – andere Regeln und Gesetze? Trotz der Grundannahme, dass in jedem Teil immer die Strukturen des Ganzen enthalten sind und umgekehrt?

Im Gegenzug stellt sich die Frage, ob die Dynamik eines Paares überhaupt eine andere sein kann, als es die Umwelt mit ihrer Dynamik zulässt? Um Ausgangspunkt für eine neue Ethik zu sein, müsste nach unserem Ansatz das Paar als Gegenmodell zur öffentlichen und politischen Ethik wirksam werden.

Aber tragen wir statt dessen nicht alle – mehr oder weniger bewusst – die ethischen Grundsätze unserer Väter und Vorväter noch tief in uns? Auch wenn wir uns noch so emanzipiert fühlen von der bürgerlichen Moral? Fesselt uns nicht die Moral unserer Mütter unbewusst immer weiter? Ist demnach die so hart errungene *»Sexuelle Freiheit«* vielleicht nur ein *zynischer Begriff*, wie Holger Schenk (1999, S.13ff) schreibt? Gerade eben wollte eine bekannte Wäschemarke eine der alten großen Kirchen von Hamburg anmieten, um dort über das Wochenende als cooles Mode-Event eine Dessous-Show abzuhalten …

Sind wir nicht alle definiert und determiniert in unserer Intimität und Identität durch die Gesellschaft, in der wir leben? Durch die *Moral* des Staates und der Kirchen? Oder heute im Zeitalter der Säkularisation durch die *Moral* der Konzerne und deren Gewinninteressen?

Nein. Hinter dieser vordergründigen Aufteilung von Politik und Moral gibt es eine differenziertere Wirklichkeit. Die Veränderung der Sexualmoral, die im Gefolge der 68-er als so genannte *sexuelle Revolution* in knapp dreißig Jahren die bis dahin Jahrhunderte gültige Sexualordnung hinweggefegt hat, zeigt in Wahrheit eine tiefe Wechselwirkung zwischen Privatheit und Öffentlichkeit.

Bei uns im Westen haben einerseits kirchliche Gebote und staatliche Vorschriften mitunter die intimste und verborgenste Handlungsweise unter der ehelichen Bettdecke geregelt. Mathias Jung erwähnt das Verbot von Oralverkehr in einigen Staaten der USA. Im Mittelalter war u.a. die »reitende Stellung« für die Frau verboten. Scheidung, Verhütung und Abtreibung waren nach dem Zweiten Weltkrieg noch verboten. Im Januar 2002 fordert der Papst alle Richter, Anwälte und Staatsanwälte auf, Ehescheidung juristisch zu verhindern. Apotheker und Ärzte sollen die Pille weder verordnen noch verkaufen. Homosexualität wurde bei uns bis in die siebziger Jahre strafrechtlich verfolgt. Auch heute noch dürfen nicht in allen Bundesländern der BRD Homosexuelle offiziell auf dem Standesamt heiraten, schon gar nicht in den Kirchen.

Andererseits hat der individuelle Freiheits- und Selbstverwirklichungsdrang gerade im Ausleben von intimer Lust und Ekstase die kirchliche und staatliche Obrigkeitsverordnung für einen sittlichen Lebenswandel völlig ausgehöhlt und schließlich zusammenbrechen lassen. Heute bestimmen die meisten katholischen Paare ihr Sexualverhalten unter sich selbst und verständigen sich auf eine eigene Moral. Und die staatliche, ja selbst die kirchliche Politik richtet sich danach. Inzwischen gibt es Pastoren, die Paare wieder rituell trennen oder Gleichgeschlechtliche trauen.

Dies ist kein Sittenverfall, sondern nur eine andere Ethik, wenn auch nicht von allen gutgeheißen. Hier haben Generationen von Liebenden machtvoll Kirche und Staat verändert, ihren persönlichen Einfluss auf das öffentliche Leben geltend gemacht.

Dazu bringt der französische Soziologe Maffesoli (1986, S. 106ff; S. 113ff) eine faszinierende Theorie ein, die leider im anglo-amerikanischen und deutschsprachigen Ausland wenig Widerhall fand. In der Sexualität, besonders im Orgasmus, sieht er so starke Urkräfte, dass sie, wenn politische und kirchliche Institutionen, gesellschaftliche Normen und bürgerliche Ordnung überaltert und inhaltsleer geworden sind, diese aufbrechen und für Umwälzung sorgen. Damit erfüllen sie einen wichtigen sozialen Dienst: Alle Institutionen und Einrichtungen werden durch ihre Tendenz zur stetigen Vergrößerung zu Machtapparaten. Ab einer gewissen Größe fangen sie an, den Menschen, für die sie geschaffen sind, nicht mehr zu dienen, sondern diese zu kontrollieren und zu beherrschen. Persönliche Freiheiten, emotionale Impulse und ursprüngliche Kreativität gehen daran zugrunde. Da setzt die Gegenkraft der »wilden, ungezügelten und rebellierenden« Sexualität ein, die sich gegen jeden Zwang auflehnt (vgl. auch Thiele 1988, S.30ff). Sie zertrümmert alte Ge- und Verbote und schafft dadurch Freiraum für neue menschliche Kreativität.

Aber heißt das, dass Liebende immer ethisch handeln, wenn sie sich nur einig sind in ihrem Tun? Ist ihnen dann alles erlaubt? Ist ihre Ethik letztlich eine höherstehende als die Ethik der von Gott institutionalisierten Kirche oder des vom gesamten Volk gewählten Staates? Und wer kontrolliert die Ethik der Liebenden?

Wohin soll diese Reise überhaupt führen? Auf welche fernen Horizonte steuern wir zu auf diesem Meer von Weltanschauungen, Religionen und Doktrinen, die oft so stürmisch und feindlich aufeinanderprallen? Hat jede und jeder Recht? Welchen Kurs gilt es einzuschlagen, um den Weg zu finden zu dem, was Menschen eint ?

Wie sollen wir lieben? Wie sollen wir leben? Wofür sollen wir leben?

Viele Fragen bleiben. Wir sehen in unserem *Projekt Liebe* eine Chance, auf diese Fragen zu antworten. Die Idee dazu ist, das Wissen und Empfinden, das liebende Mitfühlen, vor allem aber den dialogisch-prozesshaften Umgang mit einer in sich dynamischen Wertewelt aus der Binnenwelt der Menschenpaare auf die Außenwelt der Gesellschaften und Kulturen zu übertragen. Alle Gesellschaften bestehen schließlich aus Menschen – und diese bringen aus ihrer Seele und ihrer Sehnsucht nach Liebe ein wichtiges Modell für Ethik mit.

Dass Politik, Liebe und Ethik eng zusammenhängen können, habe ich in einem Fall geradezu *atemraubend* miterlebt: Er, Jurist, will verbotenerweise eine Großlieferung von Gasmasken an den Iran verkaufen, mitten im Golfkrieg – während sie gerade schwanger von ihm ist. Schließlich schafft sie es, ihn davon abzuhalten – und gewinnt sein Einsehen. Sie bekam auch noch ein zweites Kind mit ihm.

Hier wird im Dialog mit dem Partner und gerade durch die strittige Auseinandersetzung am Thema Moral gearbeitet. Die *Entstehung von Moral* wird ein gemeinsamer Entwicklungsprozess und keine Anordnung von oben.

Ethik des Widerspruchs – Dynamik der Liebe

Lieben im Rausch der Sinne, in der Ekstase der Gefühle, in der Wärme der Herzen, in der Leidenschaft der Körper und im Verschmelzen der Seelen: In dieser Himmelskraft liegt – trotz aller Gewitterstürme und Durststrecken im Garten Eden – das Paradies auf Erden. Dieses Aufbauen auf der Liebe, das macht allerdings unser Projekt erst spannend und voller Leidenschaft, keineswegs trocken, wie viele Lehrbücher über Ethik und Moral es sind.

Mathias Jung hat es eindrucksvoll an Fällen aus der Paartherapie dargestellt, wie Paare zur Ethik finden, durch Höhen und Tiefen hindurch, oft nach Jahren der Auseinandersetzung. Liebeserfahrene Paare wirken dadurch anders als Politiker: Sie haben andere Spielregeln. Die Realität allerdings schränkt ein, dass es hier um Liebende geht, die sich der Verantwortung für ihre Beziehung bewusst sind. Sie wissen durch Erfahrung und Kenntnis, dass Liebe nicht von allein gedeiht.

Bei ihnen gehören Gut und Böse zusammen. Sie wissen, Licht und Schatten finden sich bei beiden Partnern. Sie gehen differenziert miteinander um, und in der Regel fühlen sich beide verantwortlich für das Gelingen der Beziehung. Sie sind anders, weil sie den Dialog als Brücke zwischen sich haben und weil sie gemeinsam wachsen müssen, um in gemeinsamer Liebe zu überleben (Desjardins 1989, S.184ff).

Diese Ethik der Liebenden enthält als Grundlage die implizite Übereinkunft, dass jeder das Beste für den Anderen will. Dessen Vorteil dient automatisch dem eigenen Vorteil, dessen Schaden bedeutet ebenso eigenen Schaden. Es erfolgt in der Liebe auf jede Handlung ein feedback, ob gut oder schlecht. Angestrebt wird ein positiver Umgang mit Fehlern, also Fehler einander einzugestehen, Verzeihung zu erbitten und zu verzeihen. Und schlägt die Liebe um in Zerstörung, zerfällt zwar das System und die Beziehung geht zu Ende, aber beide tragen auch die Konsequenzen selbst. Es gibt keinen wirklichen Gewinner.

Beide verlieren einen im Zusammenleben gewachsenen Teil ihrer Identität.

Das erklärte Ziel des Paares heißt: Wir wollen wachsen. Das Ziel der Politik, der Macht und des Geldes dagegen heißt: Ich will wachsen und an der Macht bleiben. Merkmale davon sind: keine Schwächen zeigen, Fehler möglichst beim Anderen suchen oder auf diesen projizieren, Eingeständnisse von Fehlern nur im Notfall; statt Verzeihen möglichst Strafen für die Fehler der Anderen fordern, den Anderen schwächen, um selbst stark zu werden. Endlose Machtkämpfe sind die Folge. Viele Nichtschuldige müssen darunter leiden, die Schuld auf sich nehmen oder in grausamen Kriegen anstelle der Mächtigen sterben. Politik, die immer auf Macht ausgerichtet sein muss, bildet automatisch eine am Nutzen orientierte Moral aus.

Die *Liebe als die größte spirituelle Kraft* orientiert sich dagegen am Sinn menschlichen Seins. Die *Paarsynthese* stellt aus eben solchen Erfahrungen der Paartherapie die *Beziehungsethik* des Paares als zentrales Moment neuer Ethik in den Vordergrund. Nicht, weil sie ohne Trug und Böses wäre. Aber das Böse wird nicht allein dem Anderen angelastet, auch nicht unter den Teppich gekehrt. Es wird in der Auseinandersetzung als menschliches Defizit benannt und hinterfragt, bis es im Entwicklungsprozess zur Wandlung kommt. Die Partner werden dabei zum gegenseitigen *Entwicklungshelfer*. In der Zauberflöte spiegelt sich etwas davon wieder:

In diesen heilgen Hallen
Kennt man die Rache nicht.
Und ist ein Mensch gefallen,
Wird Liebe ihm zur Pflicht.

Ethik der Beziehung – Nachhilfe für Politik und Gesellschaft

Das ethische Begreifen der Liebenden geht natürlich über die enge Zweierbeziehung hinaus. Meier-Seethaler (1998, S. 147ff; S. 246f), die in dieser Frage einer zu erneuernden Ethik sehr engagiert ist, spricht deshalb im erweiterten Sinn von *Verantwortungsethik*. Eingeschlossen ist die Beziehung zu Kreatur und Natur, die wir mit ihr ebenso dialogisch sehen wie die Liebe zu einem anderen Menschen.

In vielen feierlichen Reden bleiben solche Begriffe aber bloße Appelle, oft verhallen sie ohne Echo im alltäglichen Stress. Erst, wenn solche Abstraktionen – und Ethik ist zunächst einmal etwas sehr Abstraktes – fühlbar werden, gewinnen sie Leben, wirken fort in uns und leiten unser Tun. Deshalb regen wir in unserer Arbeit mit den streitenden Paaren die Übung an, den Dank für die empfangene Schönheit auch wieder in die Natur zurückzutragen. Die Paare gehen zu einem duftenden Rosenstrauch oder Blütenzweig, zu einem träumenden Teich oder zu einer sonnigen Waldlichtung und verneigen sich. Oder sie räumen weggeworfene Dosen und Plastik beiseite. Oder sie begießen in Hitzeperioden Großstadtbäume. So angeregt, hat ein Mann in der Nacht seiner Frau einen großen Rosenstrauß voll glitzernder Sterne vom leuchtenden Himmel geschenkt.

Hier wird deutlich, dass es bei diesem Ethikverständnis um mehr geht als bloße Gerechtigkeit. Ausdrücklich nicht gemeint ist damit die von vielen Soziologen immer wieder ins Feld geführte *Verhandlungs- oder Konsensethik*, die sich mit dem Gegenüber auf den kleinsten gemeinsamen

Nenner einigt – demzufolge auf eine minimale Ethik (Beck/Beck-Gernsheim 1990, S. 120ff).

Diese derzeitige politische Kultur und Moral braucht notwendigerweise psychologischen Nachhilfeunterricht in Sachen Beziehungskultur. Es ist die Dynamik der Liebe, die die Grundlage jeder Beziehung bildet. Sie ist die primäre Erfahrung im Leben eines jeden Menschen. Durch sie erst kann das Neugeborene zum Menschen werden. Hier setzt die *Paarsynthese* an. Mit ihrem *»Lernmodell Liebe«* will sie der psychologischen Bedingtheit der Menschen in der politischen Umwelt gerecht werden. Sie ermöglicht über die materielle und politische Dimension hinaus Sinnstiftung.

Die Sehnsucht, geliebt zu werden und zu lieben, gilt als Grundtriebfeder, als Urbedürfnis in jedem Menschen. So wird Liebe zum *Lernmodell für Menschlichkeit*. Umso mehr verwundert es, dass gerade diese menschliche Urkraft immer mehr aus der öffentlichen Verantwortung ins Private verdrängt worden ist. Und in keiner Fakultät unserer Hochschulen, weder in Theologie, Medizin noch Psychologie wird Liebe und Beziehung als Fach oder gar als Prüfungsgebiet geführt.

Die *Paarsynthese* bietet hier einen neuen Ansatz. Sie begreift menschliche Beziehung als psychodynamisches, kulturelles und politisches Geschehen, das Menschwerdung erst möglich und gleichzeitig sinnvoll macht (vgl. Maturana 1987, S. 262–269). Liebe und Intimität sind darin globale, weltumspannende Kräfte, die in ihrer Vielfalt sonst gegensätzliche Pole zusammenführen. Sie zeigen den Weg zur Versöhnung zwischen Frau und Mann, zwischen Mensch und Natur, zwischen Völkern und Kulturen – sofern wir lernen, ihren psychologischen Gesetzen zu folgen. Liebe und Beziehung werden daher vordringlich Wissenschaft und Anwendungsbereich der Zukunft sein. Und wir brauchen diese Wissenschaft, wenn wir das Leben auf unserem Planeten weiterhin erhalten wollen.

Eine alle zehn Jahre neu durchgeführte Umfrage des Bundesgesundheitsministeriums von 1992 ergibt: 80% der Bevölkerung halten Partnerglück für das Wichtigste im Leben, noch vor Sicherheit und Wohlstand. Parallel zur *kapitalistischen Sinnkrise* suchen Menschen mehr und mehr in der Liebe ihren Sinn.

Diese sozialpsychologische Umwälzung verändert natürlich Bedeutung, Inhalt und Formenvielfalt von Liebe völlig. Die Liebe kennt auch heute noch wie vor tausend Jahren Treue, Fürsorge, Geborgenheit und gegenseitige Achtung als Ideale. Aber es sind neue wie Gleichberechtigung, Lust- und Sinnerfüllung, Hilfe und Anstoß zur Selbstverwirklichung hinzugekommen.

Solche Veränderungen bedeuten immer auch Krisen. Aber diese intimen Krisen der Paare dürfen nicht als Schuld oder Versagen der jeweiligen Frauen oder Männer allein missdeutet werden. Es ist unverständlich, dass Politiker, Kirchenvertreter, Soziologen und Psychologen immer wieder den angeblich zunehmenden Egoismus der einzelnen Menschen dafür ins Feld führen. Gleiches gilt für die zunehmende Gewalt auf den Schulhöfen und gegen Ausländer, für Radikalismus und Verwahrlosung. Diese Symptome sind erst die Folge einer verloren gegangenen Beziehungskultur.

Destruktiver als die Fehler der Liebenden und der Individuen wirken die der übergeordneten Instanzen unserer Gesellschaft, die da sind: Parteimoral, Politikmissbrauch, Amtskirche, Konzerndiktatur. Sie haben die Liebe aus dem öffentlichen Leben »abgespalten« und allein dem Privatbereich der Menschen zugeordnet. Wie kann Politik dann gedeihen? Sie entledigt sich damit einer ihrer zentralen Verantwortungsbereiche. *»Eine Kultur der Liebe aber gibt den Menschen erst die Würde zurück.«* (Cöllen 2000, S. 278f)?!

Diese Privatheit muss zutiefst als politisch verstanden werden, lautet deshalb eine alte Forderung. Wie »menschlich« können denn sonst überhaupt Politik, Verwaltung, Kirche und Staat noch sein? Sie sind doch für die Menschen da!

Und gerade dies geschieht in den Herzen der Liebenden unentwegt:

Sie *paaren* die großen Gegensätze des Lebens zu einem lebendigen Ganzen und erfüllen so den Sinn des Lebens. Sie vereinen Eros und Logos, Körper und Seele, Fühlen und Denken, und sie praktizieren damit die Überwindung des alten Dualismus-Streites. Sie verbinden Himmel und Erde, Alltag und Ekstase zu einer Lebenseinheit.

Liebende verwirklichen das göttliche Prinzip, sagt der Taoismus. Sie erfüllen göttliche Ordnung, sagt Ficino. Liebe ist der Sinn des Lebens, sagt Ernesto Cardenal, sagen Binswanger, Maturana und Ton Lemaire. Das fühlen wir alle, und bauen unser Leben darauf auf.

Paul Tillich mahnt auf seine Weise an:

»Es ist eine Unzulänglichkeit des Protestantismus, dass er den Ort der Liebe im Ganzen des Christentums niemals zureichend beschrieben hat. Das hängt zusammen mit der Entstehung und der Geschichte des Protestantismus. Die Reformation musste gegen die teils magische, teils moralistische, teils relativistische Verzerrung des Liebesgedankens im späten Katholizismus ankämpfen. Dieser Kampf war aber nur eine Folge von Luthers Kampf gegen die katholi-

sche Glaubenslehre. Und daher hat der Glaube und nicht die Liebe das Zentrum des protestantischen Denkens eingenommen. Während Zwingli und Calvin durch ihre humanistisch-biblische Betonung der Funktion des Gesetzes an der Entwicklung einer Lehre von der Liebe verhindert wurden, hinderte Luthers Lehre von der Liebe und dem Zorn (Gottes und der Obrigkeit) ihn daran, Liebe mit Gesetz und Gerechtigkeit zu verbinden.

Das Ergebnis war der Puritanismus ohne Liebe in den calvinistischen Ländern und Romantik ohne Gerechtigkeit in den lutherischen Ländern.

Eine neue Deutung der Liebe wird in allen Zweigen des Protestantismus gebraucht, eine Deutung, die zeigt, dass die Liebe im Grund nicht eine emotionale, sondern eine ontologische Macht ist, dass sie das Wesen des Lebens selbst ist, nämlich die dynamische Wiedervereinigung dessen, was getrennt ist. Wird Liebe in diesem Sinne verstanden, dann ist sie das Prinzip, auf dem jede protestantische Sozialethik fußt, indem sie ein ewiges und ein dynamisches Element vereint, Macht mit Gerechtigkeit, Schöpfertum mit Form.«

Die Unwägbarkeiten der Liebe

All den obigen Überlegungen steht natürlich eine andere und sehr krasse Realität gegenüber: Die Klage über den radikal um sich greifenden Werteverfall ist so alt wie die Menschheit selbst. Spätestens seit der Vertreibung aus dem Paradies hat es damit angefangen. Sokrates ist in dieser Reihe mit seiner ironischen Einlassung über die nur nach Vergnügungen lechzende Jugend ebenso zu zitieren wie Seneca – *o tempora, o mores* – oder später die Kirchenlehrer. Entscheidend verbessert hat sich die Moral der Menschen dadurch nicht. Die meisten Mahner blieben wie einsame Rufer in der Wüste ohne effektiven Widerhall.

Und heute: Mit der zunehmenden Bevölkerungsdichte, Globalisierung und Technisierung nehmen die Greueltaten zwischen Menschen zu. Auch ohne Jammern und Schwarzsehen scheint es angesichts gehäufter Kriege, weitreichender und täglicher Umweltzerstörung und angesichts der mit System und immer größerer Effizienz betriebenen Zerspaltung in Arm und Reich um unseren blauen Planeten schlecht bestellt zu sein.

Wer aber bestimmt heute, was gut und böse ist? Wer hat noch den Einfluss, Menschlichkeit für jedermann auszurufen ?

Und wer in der Fun-Gesellschaft interessiert sich überhaupt noch für solche Themen? Wo doch der Begriff »Schwarzgeldaffäre« zum Wort eines Jahres gewählt wurde. Ist daneben noch Platz für eine Ethik, die aus der Liebe erwächst? Lassen wir uns entmutigen?

Wirklichkeit ist anders – sagen die Politiker

Bis um 1900 herum schien es überwiegend noch so, dass Obrigkeit und Kirche, Autoritäten und Mächtige vorgeblich für Moral und Ordnung sorgten. Sie gaben die Normen für das gemeine Volk vor: Gut oder böse, gerecht oder ungerecht – wie auch immer.

Inzwischen aber haben sich – Folge unserer Art von Demokratie – die Verhältnisse umgedreht: Das Volk muss sich um die Moral seiner Politiker kümmern. Viele sind bestechlich, andere Gesetzesbrecher und Verbrecher oder geistig Kranke und neurotisch. Die Gerechten und Rechtschaffenen unter ihnen scheinen in die Minderheit zu geraten angesichts der nachweisbar immensen Kapitalverschiebung auf Wenige zu Lasten größerer Armut im Volk in der Ersten Welt – krasser noch in der Dritten Welt.

Tatsachen sind: Wir als *zivilisierte* Industriestaaten verkaufen *maßlos* Waffen, gerade auch in Krisengebiete der Dritten Welt. Russland liefert sie gleichermaßen an die sich bekämpfenden Länder Eritrea und Äthiopien. In Belgien decken Regierungsbeamte Kinderpornographie. Die USA unterlaufen neuerdings soviel Umweltschutz wie nur möglich, um die eigene Wirtschaft zu saturieren. Schuldzuweisung an Andere ist zu einer amtlichen Regierungspolitik geworden. Diese projiziert alles Böse auf andere Völker. So nannte Reagan die Sowjetunion das *Reich des Bösen*, Clinton sprach von *Schurkenstaaten*, Bush beschwört die *Achse des Bösen*.

In Deutschland haben wir mit dem *Parteispendenskandal* unbestreitbar einen gesellschaftlichen und kulturellen Werteverfall erlebt wie nie zuvor in der Geschichte der Bundesrepublik. Die verantwortliche Regierungspartei war einst angetreten unter der Vorgabe, die moralischgeistige Wende und Erneuerung herbeizuführen. Geworden ist daraus eine Mafia-Gesellschaft, die im besten Sinn der »Familie« alles für die eigene Familie tut, Gegner notfalls gewaltsam ausscheidet und alle Nichtmitglieder ausbeutet. Akzeptiert wird die so genannte *Vorteilsgesellschaft, Wegwerfgesellschaft, Konsumgesellschaft*, in der das Vorteil-Nehmen zur faktischen Ethik erklärt wird.

Und weiter: In den meisten Führungsetagen dieser Welt sind *Monopoly* und *Fusiopoly* zu Hause. Die ganze Sinnorientierung dieser Unternehmen liegt darin, größer zu werden und immer mehr Milliarden umzusetzen. Die Moral der Konzerne wird nicht von den dort tätigen Menschen geprägt, sondern die Menschen unterliegen und dienen einzig der Firmenmoral. Diese besteht darin, für Gewinnmaximierung zu sorgen. Alles andere gilt im Sinn der Firma als unmoralisch. Vor allem Wirtschafts- und Konzernpolitik, die in der Folge auch die Regierungspolitik ihrer jeweiligen Länder dominiert, haben grundsätzlich Durchsetzung zu ihrem Ziel. Sie streben allein nach Expansion, (Markt-)Vorteil und Gewinn. Der teure Faktor Mensch wird möglichst auf ein Minimum reduziert. Wird aber so der psychologische Aspekt der Menschen gemäß ihren ökonomischen, ökologischen und materiellen Bedingungen übergangen, wandelt sich Motivation in Destruktion: Jugendliche suchen Heimat im Rechtsradikalismus, Politik und Gesellschaft verfallen der Korruption als Ersatz für verlorenen Sinnzusammenhang.

Die Politiker heutiger Demokratien handeln im Grunde nicht anders. Ihr Grundverständnis geht überwiegend dahin, dass die Parteien gegeneinander, nicht für- oder miteinander streiten. Um selbst an die Macht zu kommen oder dort zu bleiben, ist es notwendig, die anderen Parteien abzuwerten, ihnen Fehler nachzuweisen, die anderen gar zu diffamieren, der Lüge und des Truges zu bezichtigen. Auch gute Gesetzentwürfe müssen der Parteiraison wegen blockiert werden. Die Abwertung anderer garantiert die eigene Aufwertung in der Gunst der Massen. Wichtig ist, die Fehler der Anderen auszuschlachten. Die Niederlage der Anderen erst ermöglicht den eigenen Sieg.

Die Moral der Politiker ist die der Partei und deren Machterhalt. Das zur moralischen Rechtfertigung ins Feld geführte und vielzitierte Gemeinwohl ist immer nur Berufung auf eine anonyme Basis, die die eigene Vorteilnahme legitimiert. Diesem Ziel wird alles andere unterworfen.

Das Votum der Masse also diktiert die Moral. Und hier in Form von Prozentzahlen beim Wahlausgang. In gleicher Weise starren Intendanten und Programmdirektoren auf Einschaltquoten – und favorisieren demzufolge die Sendungen mit dem tiefsten Niveau. Die Ethik vieler Machthaber und Regierungen bewegt sich vergleichbar auf dem untersten Niveau der massenhaften Einschaltquoten. Hier schließt sich der Teufelskreis: Es wird von den Mächtigen das als Moral eingesetzt, was die Masse in ihrer Orientierungslosigkeit gerade »geil« findet. Die Masse wiederum glaubt, damit in Ordnung zu sein, weil die Mächtigen eben diese Moral vertreten. Die Masse der Ohnmächtigen dagegen, der sozial Benachteiligten, der Hilfs- und Schutzbedürftigen, sie können sich nicht wehren, finden keinen Ausweg aus dem Teufelskreis, den ihnen die Mächtigen vorsetzen.

Zwischen diesen Polen der Macht und Ohnmacht steht die Fraktion der Mittelschicht. Diese aber schweigt, nicht, weil sie nicht weiß, sondern weil sie es sich nicht verderben will mit den Mächtigen – immer in der Hoffnung, eines Tages selbst dazuzugehören. So schweigen viele Journalisten, Richter, Lehrer, Priester und ihre Kirchen. Sie schweigen aus Angst, das zu verlieren, was sie sich mühsam mit ihrer Arbeit erworben haben.

Im Trend zur virtuellen Welt des Internet, in der Globalisierung, in der Tendenz zum Gigantismus verliert sich mitfühlende Verantwortung, weil die Menschen sich im wahrsten Sinn des Wortes aus den Augen verlieren. Dem Einzelnen gehen dadurch mitfühlende Verantwortung, Heimat- und Geborgenheitsgefühl verloren. Sehnsucht nach Zugehörigkeit und Einbindung in ein sinnbildendes Beziehungsnetz bleiben unerfüllt.

Schlussfolgerungen

1. **Ethik geht in der Globalisierung verloren** – durch zunehmende Distanz von Mensch zu Mensch. Nicht mehr die Beziehung der Menschen untereinander ist das Leitmotiv, sondern allein die Größe des Wachstums. Menschliches Maß wird überschritten. Fritz Schuhmacher (1977, S.57ff) fordert dagegen in seinem Buch *»Zurück zum menschlichen Maß«* Dezentralisierung statt Fusionierung. Gemeinden und Gemeinschaften sind zu etablieren, die von einem Menschen an einem Tag aus eigener Kraft durchreist werden können, zu Fuß oder mit dem Fahrrad.

2. **Die Ethik der Demokratie wird nach dem Prinzip der Einschaltquoten gesteuert.** Politiker machen sich zu Sklaven der Mehrheiten. Wahlen werden zu einer Diktatur der Mehrheit, wie schon Alexis de Toqueville vor über 100 Jahren über die USA schrieb. Die regierende

Partei macht sich die Moral der Mehrheit zu eigen. Demokratie funktioniert nicht in den heutigen Größenordnungen politischer Räume. Sie ist nur in kleinen Gemeinschaften wirksam wie auf der Agora, wo das ganze Volk mithören kann, im Disput und Dialog von Angesicht zu Angesicht. Bürgerbegehren und Volksabstimmungen müssen das nötige Gegengewicht im Parteiensystem der Demokratien bilden. Ein Begriff dafür ist der der dezentralisierten Demokratie.

3. **Perversion der Privatheit**. Es bedarf des Umdenkens: Bisher galt Liebe als Privatsache, Politik dagegen als öffentliche Angelegenheit. Es muss statt dessen heißen: Liebe ist Politik, und Politik hat liebevoll zu sein. Wie denn sonst ist es zu verstehen? Unsere öffentliche Moral verbietet, dass im Fernsehen vor Mitternacht Schamhaare gezeigt werden. Statt dessen werden täglich weit über Hundert Tote auch in Sendezeiten für Jugendliche und Kinder geduldet, teilweise wird deren Tötung minutiös dargestellt. Ethisches Empfinden wird so zerstört. Die Verbannung von Liebe aus den Parteiprogrammen in die Privatheit bewirkt diesen Verfall. Warum wird Liebe nicht ebenso wie Menschenwürde und Umweltschutz in den Grundsatzprogrammen jeder Partei und im Grundgesetz verankert? Politik ohne eine Psychologie der Liebe wird unmenschlich.

Liebe ist unzuverlässig – sagen die Soziologen

Wenn Irren menschlich ist, dann gilt das besonders für die Liebe. Die Liebe deshalb zum Maßstab einer zu erneuernden Beziehungskultur aufzuwerten, muss heftige und nachdenkliche Kritik zugleich provozieren. Jedermann weiß und jede Statistik gibt darüber Auskunft, dass Liebe zum schwankendsten Teil menschlichen Erlebens gehört. Liebe weckt wohl die höchsten und edelsten Gefühle in uns – bis zur Aufopferung des eigenen Lebens für den Geliebten. Doch sie weckt in uns auch die niedrigsten Instinkte, animalischen Trieb bis zum mörderischen Impuls. Beziehungsmorde machen laut Kriminalstatistik mehr als die Hälfte aller tödlichen Gewalttaten aus. Nach sechs Jahren Ehe würden 80 Prozent aller Frauen ihren Mann nicht wieder heiraten. 70 Prozent aller Erwachsenen gehen mindestens einmal fremd, Frauen zwischen 20 und 30 Jahren inzwischen öfter als Männer. Ein Drittel aller Ehen wird geschieden. Ein weiteres Drittel gilt als zerrüttet.

Mit einem abgewandelten französischen Sprichwort können wir sagen: *100.000 Scheidungen pro Jahr sind nur eine Statistik. Aber hinter jeder einzelnen Zahl steht ein oft schreckliches Schicksal.* Jeden Tag werden neue Greueltaten über verlorene Liebe in den Zeitungen berichtet. Familiendramen, in denen der Mann aus Eifersucht Frau und Kinder erschießt, sich die Geliebte umbringt oder sich die Ehefrau mit ihren Kindern aus Verzweiflung an den Baum fährt.

Die dunkle Seite der Liebe zeitigt wenig Ethik, vielmehr Streit, Betrug, Hass und seelische Zerstörung.

Ein typischer, sich durchaus häufig wiederholender Fall zeigt die Unwägbarkeit der Liebe: *Der Mann, ein Arzt, hatte schon seine erste Frau, eine Arzthelferin, mit einer zweiten, jüngeren Arzthelferin betrogen und diese dann zu seiner Ehefrau gemacht. Seine dritte Frau, wir ahnen es schon, war wieder Arzthelferin – und jünger. Zur Katastrophe für ihn kam es, als er in die vierte Wiederholung ging. Diesmal allerdings vertauschten sich die Rollen. Die junge und selbstbewusste Frau emanzipierte sich schnell von ihm und ging. Er drohte jetzt mit Selbstmord.*

Soziologen sind sich einig: Die starken Emotionen, die der Liebe eigen sind, machen sie so labil. Liebe kann nicht definiert, noch weniger erzwungen oder herbeigeredet, aber auch nicht weggeredet werden. Manche verstehen Liebe nur als Geschenk oder Gnade, auf keinen Fall als machbar. Mathias Jung dagegen zitiert Brecht mit: *»Liebe ist Produktion«*. Ihre vielfältigen Gefühlsanteile lassen sich jedenfalls nicht begründen, nicht erklären und schon gar nicht beweisen. Dadurch entzieht sie sich jeder empirisch-wissenschaftlichen Genauigkeit. Ebenso wenig fügt sie sich in Verwaltung und Bürokratie oder Diplomatie ein. Oft genug hat sie die bürgerliche oder kirchliche Ordnung durchbrochen und die Welt auf den Kopf gestellt. Sie tut damit nur das, was Maffesoli (1986, S. 106ff, S. 113ff)) für eine ihrer wichtigsten Aufgaben hält. Liebe dann aber noch zum Kompass gesellschaftlicher Ethik zu machen, hieße – etwas respektlos durch das Sprichwort formuliert – den Bock zum Gärtner zu machen.

So auch im Fall von Heloise und Abelard, dem wohl berühmtesten Liebespaar des Hochmittelalters. Abelard, trotz seiner jungen und ungestümen Jahre einer der damals großen Kirchenlehrer, bekommt die Nichte seines Oheims zur religiösen Unterweisung anvertraut. Sie erliegen einander in glühender und zunächst heimlicher Liebe. Der Oheim jedoch entdeckt die »unheilige« Verbindung und schickt Heloise aufs Land. Da die beiden aber trotz der Entfernung weiterhin, wenn auch seltene Kontakte pflegen, lässt der Oheim in einem nächtlichen Überfall Abelard kastrieren. Heloise geht in ein Kloster. Bis an ihr Lebensende werden die Beiden sich heiße Liebesbriefe schreiben. Sie bleiben sich und ihrer Liebe treu, gegen alle Schwierigkeiten von außen. Für Haule (1991, S.37f.) sind solche Stadien unabwägbarer Liebe Symbol der gemeinsamen Suche eines Paares nach Wandlung und Erneuerung auf einer höheren Stufe. Dieser Drang nach Selbstentfaltung und Selbstverwirklichung – mit, durch, in, gegen und für den Anderen – macht die Liebe unabwägbar und unkontrollierbar.

In der Ordnung der Natur sind die Menschen in diesem Drang allerdings die einzigen Wesen, die sich für Freiheit oder Gehorsam, für Durchsetzung oder Unterwerfung entscheiden können. Besonders Liebende tun dies in Ekstase (Klages 1930) auf der einen und manchmal in Askese auf der anderen Seite. Wollust und Verzicht sind intime Gegenpole einer dynamischen Veränderung, die sich stets ihre eigenen neuen Ordnungen schaffen. Eros und Ethos, beide bilden eine starke Allianz in der Freiheit zur Grenzüberschreitung. Diese wiederum erfordert im Unendlichen der Liebessehnsucht auch große Disziplin.

Dieser Mix aus Widersprüchen bewirkt, dass die Soziologie sich mit der Liebe als Wissenschaftsthema im Lauf ihrer gut einhundertjährigen Geschichte wenig befasst hat. Dabei gehört es zu ihren Kernaufgaben, Gesetzmäßigkeiten menschlichen Verhaltens zu erkennen. Ausnahmen bilden Georg Simmel, Emile Durkheim, Max Weber und Niklas Luhmann. Ein Professor der Soziologie, von uns angefragt, ob er bei diesem Buch zum Projekt Liebe als Dritter im Bunde mitmachen wolle, erklärte, dass ihm das zu irrational und weltverbesserlich sei. So hat der Sozialpsychologe G. H. Mead (1863–1931) schon den Begriff der *»Seele«* zwecks Überprüfbarkeit und Effektivitätskontrolle aus dem Wortschatz dieser Wissenschaft herausgestrichen.

Die Soziologie tut sich mit der Liebe schwer, gestehen die Herausgeber Hahn und Burkart (1998, S.8ff) in ihrem Sammelband *»Liebe am Ende des 20. Jahrhunderts«* freimütig. Sie begründen dies damit, dass die Liebe in *»ihrer Relevanz für die gesellschaftliche Integration und Ordnungsbildung unbestritten sein dürfte«*, stellen dann aber fest, dass *»dieser Topos derart viele Widersprüche in sich birgt, dass tatsächlich keine messbare oder definierbare Größe daraus hervorgehen kann«*. Die Vergänglichkeit und Irrealität dieses Phänomens zeige sich darin, dass der Liebende in seinem Ich ein anderer sei als vorher. (Frage des Autors: Ist der Liebende dann noch verantwortlich für sein ethisches oder unethisches Handeln? Tatsächlich gab es Gerichtsurteile in Italien, die im Liebesrausch begangene Körperverletzungen milder beurteilten als etwa die einer Schlägerei.)

Hahn und Burkart listen auf, wo sie wissenschaftliche Probleme mit dem Phänomen Liebe sehen. Davon sind auch wir alle betroffen:

1. Das Geheimnisvolle und Unerklärliche des Phänomens Liebe schließt ein soziologisches Herangehen aus.
2. Die Liebe entzieht sich der sozialen Logik und der Rationalität. Sie ist paradox bzw. ambivalent. So könne man nicht fragen, ob die Liebe altruistisch oder egoistisch sei; sie ist beides zugleich, jenseits dieses Gegensatzes.
3. Eine weitere Schwierigkeit ist die Ansiedlung der Liebe. Lange Zeit wurde sie in der Ehe angesiedelt, hat dort aber mit dem romantischen Ideal in Wirklichkeit wenig zu tun.
4. Je mehr die Liebe zur Basis der Ehe wurde, desto stärker war diese vom Scheitern bedroht. Leidenschaft und

Dauer zu vereinbaren bedeutet die Quadratur des Kreises. Giddens (1993) führt aber die Form der partnerschaftlichen Liebe ohne Leidenschaft als weitverbreitete Praxis an, die die Versöhnung von Rationalität und Affektivität möglich macht.

5. Eine weitere Paradoxie der Liebe liegt in der Frage nach der Wahrheit. Muss und darf in der Liebe alles gesagt und erklärt werden? Soll absolute Offenheit bestehen? Dann aber geht das Geheimnisvolle verloren und damit das Anziehende. Ist jedoch, wenn ich ein Geheimnis habe, bereits Täuschung oder gar Schein im Spiel?
6. Macht ist in der Liebe sehr wichtig: Beide gehören aber eigentlich nicht zusammen. Dennoch ist absolute Hingabe und Sich-Ausliefern wesentlicher Bestandteil der Liebe. Eros und Thanatos, Libido und Aggression, Mut und Angst, sie sind dicht beisammen in der Liebe, ebenso Macht und Ohnmacht. C.G.Jung (1988, S. 63) schreibt dazu: »*Wo die Liebe herrscht, da gibt es keinen Machtwillen, und wo die Macht den Vorrang hat, da fehlt die Liebe.*«
7. Das Problem der Individualisierung: Paarbeziehungen sollen heute vor allem auch Selbstverwirklichung ermöglichen. Dazu Simmel (1957, S.17–28): »Die Liebe ist die reinste Tragik, sie entzündet sich nur an der Individualität und zerbricht an der Unüberwindlichkeit der Individualität.«
8. Ein weiteres Problem liegt im stetigen Wandel: Gefühle und Liebesempfindungen wandeln sich mit dem Partner, mit dem Alter, mit den Kindern, mit dem Beruf, im Rollenwandel, mit der Emanzipation. Gestrige Anziehung wandelt sich in morgige Ablehnung. Ein Umstand, der die Betroffenen sehr verwirrt.
9. Als letztes, doch zentrales Problem taucht das der *Spiritualität* auf: Seele und Sinn, körperliche und geistige

Liebe, Sexualität und Mystik, hedonistische Leidenschaft und asketische Sublimierung: Was sind die Antriebe der Liebe, und wie lassen sich die feinstofflichen Kräfte darin messen?

Der letzte Punkt verdeutlicht das Dilemma: Den Liebenden selbst erscheint Spiritualität in der Liebe unabweisbar, aber unbeweisbar. Füreinander bestimmt sein, telepathische Botschaften empfangen, im Liebsten seine kosmische Heimat finden, das Berühren der Seelen, den eigenen Sinn im Du finden und die Kraft der Sexualität in heilige Andacht und Ehrfurcht vor der Schöpfung wandeln, das eint die Liebenden ebenso wie die lustvolle Verschmelzung ihrer erhitzten Körper. Die Liebe lebt, einfach ausgedrückt, von der Sexualität auf der einen und der Spiritualität auf der anderen Seite. Die Soziologie hat aber gerade mit diesem letzten Thema nun gar nichts im Sinn. Auch hier nicht ganz zu Unrecht, denn darunter kann alles und jedes verstanden werden. Dementsprechend häufig wird unseriös damit umgegangen.

Nur Maffesoli tut sich leichter mit der Liebe. In seiner *»Soziologie des Orgiasmus«* 1986 vertritt er die These, dass die ungezügelte Sexualität eben für eine ständig notwendige Erneuerung der alten Ordnung sorge – somit eine ethische Funktion ausübe. Die Leidenschaft als Ordnungskraft macht Umsturz und Revolution zum Ordnungsprinzip.

Liebe ist zu subjektiv – sagen die Psychologen und Psychotherapeuten

Natürlich erleben gerade Psychologen und Psychotherapeuten in ihrer täglichen Praxis die extrem subjektive Einfärbung von Liebe, die sich jeder Verallgemeinerung gnadenlos widersetzt. Noch schlimmer ist ihr subjektiver Gebrauch, gekennzeichnet von den eigenen blinden Flecken. *Im Namen der Liebe* wird sehr viel, zu viel Missbrauch betrieben. Alles, was wir an Schattenseiten in uns nicht wahr haben wollen, bürden wir dem Partner auf. Fehler, Ängste, Defizite und neurotische Störungen werden wie in einem großen Verschiebebahnhof aus dem eigenen Bewusstsein verdrängt und dem Partner angelastet.

Der Mann, der seine Angst verdrängt, bürdet sie unbewusst seiner Frau doppelt auf. In einem Fall wurde erst nach dem dritten Selbstmordversuch der Frau deutlich, dass sie die Depression ihres Mannes ausagierte. Kaum geschieden, war sie wirklich gesund.

Ein anderer depressiver Mann hoffte unbewusst, durch eine neue Liebe aus seiner Trostlosigkeit herauszukommen. Was dann passierte, war, dass er fortan die Partnerin für seine Depression verantwortlich machte – sie anklagte, ihn zu überfordern.

Noch verblüffender: Eine Frau bekommt alle zwei Monate Migräne, verbunden mit großem Erbrechen. Erst die Therapie zeigt, dass sie dadurch auch Blitzableiter für ihn war. Eine Besserung trat erst ein, als deutlich wurde, wie er an diesem Symptom mit-wirkt. Er bringt sie zum Erbrechen, indem er ihr seine unterdrückte Wut und seinen eigenen Ekel aufzwingt. Sie verspürt diese Dynamik mit ihrer hohen Intuition und doch völlig unbewusst als Penetrieren – und weist ihn deshalb sexuell zurück. Das erzeugt wieder Wut in ihm, die er ihr wiederum aufzwingt. Der Kreislauf beginnt von vorn. In der Therapie wurde deutlich, dass die Wurzel für all seine ohnmächtige Wut darin zu finden ist, dass ihm in der Kindheit bis zum Erbrechen Essen aufgezwungen wurde. Es wurde vom tyrannischen Vater und der botmäßigen Mutter mit Drohungen und Schlägen in ihn hineingestopft.

Viele rechtfertigen ein solches Verhalten damit, dass sie es doch nur »lieb« gemeint hätten. Eltern nennen als Grund für ihr dominantes Verhalten gegenüber den Kindern, doch nur deren Bestes gewollt zu haben.

Traumatisierender noch wirkt der Missbrauch der Liebe in der Sexualität und kommt doch häufig vor: Ein betrunkener Mann vergewaltigt seine Frau und bezeichnet dies als Kavaliersdelikt. Ein Vater missbraucht jahrelang seine Tochter, und die Mutter schweigt dazu. Bei einem Macho gerät jede Zärtlichkeit zum zwanghaften Geschlechtsverkehr. Umgekehrt wird das Bedürfnis nach Hautkontakt und Nestwärme oft jahrelang irrigerweise über Sex abgesättigt.

Dann ist da schließlich noch die andere Seite: Gerade in langjährigen Konfliktbeziehungen geraten die Rollen von Opfer und Täter weitgehend durcheinander. Moralische Entrüstung über den scheinbaren Übeltäter ist meist fehl am Platz, weil es in einer solchen Beziehung kein Schwarz und Weiß gibt, weil keiner allein der Sündenbock ist.

Irrung und Verwirrung: Ein Ehepaar ist in hohen Kirchenämtern tätig. Sie kommen in die Paartherapie, vom Nervenarzt geschickt, weil der Mann immer wieder fremd geht, etwa alle zwei Jahre, zuletzt mit der kranken Schwester seiner Frau. Sie hat es an Weihnachten entdeckt. Jetzt will sie ihn, hoch empört, von mir behandeln lassen. Er aber ist ein kleines, schüchternes und braves Männlein, das ängstlich zu den Worten seiner Frau mit dem Kopf nickt und alle Schuld auf sich nimmt. Sie dagegen wirkt wie ein Drache, seit Jahren voll äußerster Strenge, ganz in der Kirche aufgehend, voller Entrüstung jede Form von Sexualität zurückweisend, zugeknöpft bis obenhin. Ihre Moral wird hier zum Schrecken, sein Fremdgehen zum hilflosen Desaster.

Verena Kast, die ideenreiche Psychologin, beschreibt einmal die segensreiche Dynamik dieser Himmelsmacht der Liebe als *»Das Optimum aus dem Partner herauslieben«*. Aber: Kommt es zur Krise oder zum Scheitern der Liebe, werden auch die extremsten Negativeigenschaften der nun Streitenden und Hassenden herausprovoziert. Von ethischem Verhalten kann dann nicht mehr die Rede sein. Sehen wir allein diese dunkle Seite der Liebe, so besitzt sie absolut keinen allgemeinverbindlichen Maßstab für Ethik. Sie bleibt eine völlig subjektive Angelegenheit. Sie zerstört Leben ebenso, wie sie Leben schenkt. Sie ändert sich mit der Zeit, mit der Umwelt und der jeweiligen Kultur.

Ein erstaunliches Untersuchungsergebnis: Die füreinander sorgende Moral von Partnern nimmt mit zeitlicher und räumlicher Entfernung zwischen den beiden ab. Der Gebrauch von Kondomen beim Fremdgehen geht laut Statistik mit steigender Kilometerzahl von zu Hause rapide zurück. Im menschlichen Erleben ist Entfernung voneinander mit Entfremdung gleichzusetzen. Vielleicht ist es so nur zu erklären, dass der zu Hause fürsorgliche Vater gegenüber Fremden im Hass um sich schlägt?

Dialog statt Missionierung und vorgegebener Ordnung

Eine vergleichbare Dynamik herrscht und gilt für Institutionen, seien sie staatlicher, wirtschaftlicher oder kirchlicher Art. Je mächtiger, größer und damit menschenferner sie werden, desto übler die Missbrauchserscheinungen. Der Moralismus der islamischen und der christlichen Religionen (und Staaten) hat die Frohe Botschaft in eine Unheilslehre gegen liebevolle Lebensgestaltung gewandelt. Über Jahrhunderte hat deren leibfeindliche »Moral« die Liebe zerstört, die Neurotisierung und den Tod vieler Liebender verschuldet.

Für das Streben dieser Religionen nach Missionierung gilt das heute noch. Ihre Missionare und Gotteskrieger versuchen, im Namen der Liebe Gottes andersgläubige Menschen zu überzeugen, ihren eigenen Weg zu verlassen und sich stattdessen dem fremden Gott und seiner Kultur anzupassen. Hier findet kein Dialog statt, kein Geben und Nehmen, kein Austausch – und somit auch keine prozesshafte, fruchtbare Weiterentwicklung, sondern Unterwerfung und Ausbeutung. Praktiziert wurde und wird dieses Prinzip der Missionierung im Verlauf der Geschichte mehr oder weniger friedlich. Bis heute geben Hunderttausende von Toten Zeugnis davon.

Auch moderne Propheten meiden und blockieren den Dialog. Sie bevorzugen den Monolog. Heute treten sie oft in Gestalt sendungsbewusster Psychotherapeuten auf, die im Namen ihrer eigenen »Heilslehre« neuen Schaden anrichten. So Bert Hellinger, wenn er versucht, eine neue alte Ordnung wieder herzustellen, die er irgendwann als Mönch gelernt hat: Die Frau steht dort in der Rangreihe an zweiter Stelle hinter dem Mann; die Mutter hat den sexuellen Missbrauch des Vaters an der Tochter zu verantworten; Kinder sollen in der Regel nach der Scheidung zum Vater; Adoptivkinder müssen zurück zu ihren leiblichen Eltern. Zur Begründung solcher Ordnung meint Hellinger: »Wieso weiß ich nicht, aber man kann es sehen.« (Hellinger: Ordnungen der Liebe, Knaur 2001, S. 54). Bezeichnend auch, dass solcher Missbrauch falsch verstandener Liebesarbeit Heerscharen von Heilsbedürftigen anzieht. Schlimmer noch, dass viele therapeutische Fachleute solcher Art von »vorgegebener *Ordnung*« begeistert Folge leisten.

Noch eine ständig wiederholte Falschmeldung gerade auch von Psychologen und Religionslehrern: *»Liebe heißt, den Anderen so zu akzeptieren, wie er ist.«* Auch dies bedeutet nur Monolog und ist nur die halbe Wahrheit. Kommt nur sie allein zur Anwendung, verkehrt sich die Wirkung ins unerwünschte Gegenteil. Sie fördert dann Verdrängung, Abspaltung, Widerstand und Abwehr – allesamt Seelenstrategien gegen die mühevolle Entwicklungsarbeit am eigenen Selbst. In Wahrheit geht es aber darum, durch diese Spiegeldynamik von Gut und Böse im Partner sich gegenseitig weiter zu entwickeln – *Entwicklungshelfer* füreinander zu werden. Liebe heißt nämlich auch, den Anderen dialogisch zu stützen, damit dieser sich trotz seiner Blockierungen und Fehler weiter entwickeln kann.

Mathias Jung führt dagegen aus: *»Eine Ethik, die aus der Liebe erwächst, ist, im Unterschied zu vielen ethischen Begründungen, ihrem Wesen nach nicht monologisch, das heißt aus dem Impuls eines singulären Denkers entsprungen, sondern sie ist dialogisch wie das Paar. (…) Das markiert, philosophisch betrachtet, eine Wende.«*

Der Weg zur Ethik, das heißt zur Stimmigkeit und Wahrheit, zur heilsamen Ordnung zwischen den Partnern, zwischen Menschen überhaupt, führt über den kritischen Dialog im Miteinander, im Gegeneinander, im Durcheinander, im Ineinander und im Füreinander. Die natürlich auch streitbare Liebe zwingt die Partner geradezu, aneinander zu arbeiten, sich gegenseitig herauszufordern und kritisch zu hinterfragen – gerade weil sie sich lieben und Glück füreinander bedeuten.

So sieht es Ortega y Gasset (1965, S.30ff) als besondere Aufgabe der Liebenden, immer mehr Vollkommenheit und Verfeinerung zu verlangen. Seiner Zeit entsprechend sieht er diese Aufgabe allerdings stärker bei der Frau, da der Mann einen größeren Entwicklungsbedarf habe, weil er zu sehr auf Logos und Technik bedacht sei.

Diese Reifungsarbeit am eigenen Ego, notwendige Voraussetzung für und gleichzeitig in sich ethisches Handeln, ist natürlich schmerzhaft. Keiner nimmt sie freiwillig und ohne Mühe auf sich. Denn es ist unendlich schwer, mit sich selbst zu kämpfen. *Semper incipe – fange immer bei Dir selbst an*, so mahnten gerade deshalb schon die Weisen der alten Römer. Ohne Anstoß von außen, ohne Konfrontation durch den Partner würde diese Seelenarbeit immer und immer wieder verdrängt und verschoben. Daher ist dieser herausfordernde Dialog zwischen Liebenden eine nirgendwo sonst existierende Anschubkraft, leider auch eine Waffe zwischen Streitenden. Er ist der notwendige Motor für emotionale Vernunft. Ethik wird im Dialog geboren; sie ist kein vorgegebener Zustand.

So verstehen wir Aristoteles, wenn er sagt, dass Lieben an sich ethisches Tun bedeutet. Im Dialog der Liebenden liegt der tiefste Sinn der Menschen: sich gegenseitig Anstoß und Mut, Selbstvertrauen durch Konfrontation zu geben auf dem schwierigen Weg der Menschwerdung. Sich liebevoll der Fehler des Partners anzunehmen, ist durchaus eine gute Ausgangsbasis für Entwicklungsprozesse. Es reicht aber nicht allein, Fehler zu akzeptieren, sondern das Ziel ist, darüber hinaus zu wachsen. Das bedeutet Ethos.

Der Weg des Intimen Dialogs – Der Weg zu neuer Ethik

Ein Ereignis aus einem Klassenzimmer zeigt auf seine Weise, dass Lieben ethisches Handeln hervorbringt:

Eine Mitschülerin erzählt ihren Freundinnen, dass sie seit Wochen neben ihrem Freund noch ein heimliches Liebesverhältnis mit einem anderen Jungen habe. Immer wieder besprechen die anderen Mädchen untereinander dieses Verhalten. Nach zwei Wochen einigen sie sich darauf, ihre gemeinsame Freundin damit zu konfrontieren, dass ihr Verhalten ganz unfair sei. Im darauf folgenden Gespräch veranlassen sie das Mädchen, dass sie beiden Jungen klaren Wein einschenkt. – Sie entscheidet sich schließlich öffentlich für den Freund.

Ein weiteres Beispiel dafür, wie moralisches Handeln in liebevoller Beziehung entsteht – auch in Gruppen und durch die intime Freundschaft untereinander. Mädchen, aus völlig unterschiedlichen Elternhäusern, auf Befragen ohne religiöse Motive für ihr Tun, entwickeln zusammen aus ihrem Fühlen von Liebe heraus sittliches Verantwortungsbewusstsein. Sie suchen nach emotionaler Stimmigkeit.

Das Tun der Mädchen zeigt: Die Herausforderung des Ich liegt im Du. Darin sind sich alle Beziehungsphilosophen seit Sokrates und Ficino einig. So leitet 1923 Oscar Schmitz (S. 243ff) seinen Ansatz zur Ethik aus dem biblischen Satz: *Liebe Deinen Nächsten wie Dich selbst.* Später hat Martin Buber mit seinem Hauptwerk *»Ich und Du«* diese Spur wieder aufgenommen.

Natürlich gibt es einige wenige Menschen, die sich aus eigener Kraft und eigenem Antrieb in all ihren Potentialen zu voller Größe und emotionaler Vernunft, zu Mitverantwortung und Beziehungsethik entfalten. Aber als Normalsterbliche bedürfen wir des Anstoßes von außen, der Konfrontation mit dem Gegenüber. Der Weg zur inneren Vollendung, nach Aristoteles als *»Entelechie«* jedem Kreatürlichen als Sehnsucht und ahnendes Streben zu eigen, braucht alle Qualitäten menschlicher Begegnung: Miteinander, Gegeneinander, Füreinander, Ineinander und *Durcheinander*. Sonst erlahmt das Individuum in seiner egozentrischen Isolation. Dadurch erst, dass Paare sich einander nicht auf den jeweils eigenen Fehlern ausruhen lassen können, treiben sie gerade diesen Prozess der Entelechie voran.

Im Unterschied zu Politik und Wirtschaft geht es dabei nicht um Sieger und Gewinner, um Konkurrenz und Durchsetzung, um Profit auf Kosten anderer. Vielmehr ersehnen wir Verstehen und Versöhnen, suchen wir Resonanz und Feedback, Austausch statt Ausbeutung in der Vereinigung von Eros, Ethos und Logos. Vom *Faustrecht* der androzentrierten Welt zur *Einung* in der androgynen Kultur – so würde vielleicht Novalis gesagt haben.

Nicht stärker, besser und schneller zu sein ist Ziel, sondern miteinander zu schwingen, zu fließen, gemeinsam durch das Leben zu gehen. *»Der Weg ist das Ziel«*, sagt Laotse. Wie im Tanz, besonders im Tango, bei dem die Rollen von Mann und Frau sehr wohl sehr verschieden sind, aber nicht im Gegeneinander, sondern in der Ergänzung. Eros meidet nicht und hasst nicht den Gegensatz, sondern hebt ihn in der Abgrenzung nur um so deutlicher hervor, meint Sokrates.

Intimer Dialog – Strategien zur Ethik

Ich erlebe an keinem anderen Ort eine so intensive Suche nach dieser inneren Stimmigkeit wie in der Psychotherapie mit Paaren. Paare investieren viel Zeit, Geld und Energie, um eben Wahrheit miteinander und füreinander zu finden – die Wahrheit der Gefühle und der sinnlich-sinnhaften Begegnung.

Mit dem *Weg des Intimen Dialoges* verbindet die Paarsynthese ein konkretes Vorgehen, um solche Wesens-Begegnung zu schaffen. Das Paar verfügt demnach über fünf Dialogsäulen, nämlich den *Körperdialog*, den *Gefühlsdialog*, den *Sprachdialog*, den *Sinndialog* und den *Zeitdialog*. Je intensiver diese Dialogsäulen gleichzeitig aufgebaut und vollzogen werden, umso dichter, umso aufrichtiger, um so intimer wird der Dialog. Ist eine Säule zu schwach ausgebildet oder fällt gar um, bringt sie gemäß dem Dominoeffekt auch die anderen in Gefahr und schließlich zum Einsturz. Die gute Nachricht daran: Sind im Ehekrieg alle Säulen zerstört worden, kann in der Ehetherapie gezielt zunächst eine Säule wieder aufgerichtet werden. Die anderen richten sich dann ebenso wieder auf.

Die Verwirklichung aller Säulen in gleicher Weise schafft Intimität. Keinen tieferen Dialog können wir führen. Er erfüllt uns mit Jubel, er lässt uns vor Glück singen, er gibt uns Sinn, er heilt uns und befähigt uns zum ethischen Handeln.

Die Paarsynthese stellt für diese menschliche Entwicklungsarbeit vier spezielle psychologische Strategien zur Verfügung. Sie heißen: *Dialogverdichtung, Resonanzenergie, Fehlerdynamik* und *Polaritätsprinzip*. Sie werden umgesetzt in Übungen und Methoden. Durch sie können

Liebende ihren Kurs berichtigen, Streitende ihre Wogen in den Zeiten der Stürme glätten und Suchende in den nebelhaften Umbruchphasen der Liebe die Richtung neu bestimmen. Dies können aber auch denkbare Methoden für die Öffentlichkeit, für Politik und Völkeraustausch sein.

Natürlich ist das kein leichtes Unterfangen. Oft herrscht dann Heulen und Zähneklappern; rasender Zorn tobt und das Tal der Tränen muss erst durchschritten werden. Die Krise ihrer Liebe führt die Partner bis an den Rand des Erträglichen, ja ihrer physischen Existenz. Das Leben selbst, die Kinder, die Finanzen, die Heimat – alles ist in Frage gestellt. Nichts ist mehr wie vorher. Gegenseitige Entwürdigung und Verletzung haben stattgefunden. Tiefe Wunden schmerzen in der Seele.

Und doch machen die Beiden sich auf, einander wieder zu suchen, alte Pfade zu verlassen und neue Wege zu beschreiten. Sie durchleuchten und erkennen sich gegenseitig, unverstellt, ohne Beschönigung oder Idealisierung aus dem Jungverliebtsein. Die Zeit des Heuchelns und Lügens, der falschen Hoffnungen und der Illusionen ist vorbei. Nackt und bloß stehen sie voreinander – eine Katharsis hat sich vollzogen. Dadurch erst beginnt die Wandlung. Sie ringen jetzt um das wahre Wir.

Eine beiden Partnern gemäße und ureigene Ordnung aus innerem Bedürfnis heraus wird in diesem *Diskurs* – so würden Soziologen sagen – geschaffen. Natürlich bringen die Partner aus der Außenwelt ihr Rollenverständnis mit, ihre Gewohnheiten und Wertmaßstäbe, sind eingebunden in ein sie mitformendes Kulturgefüge. Und doch haben sie in ihrer Krise oft schon die bürgerliche Ordnung hinter sich gelassen, alte Wertmaßstäbe verworfen und Lebensskripte umgestoßen. Sie stehen sich ganz allein gegenüber, kämpfen nur noch um sich selbst – und ihre zu erneuernde Liebe. Die Partner stiften dadurch Ethik. Die ständige Herausforderung im Dialog ist der Weg dorthin. Würdevolle Achtung des Anderen öffnet diesen Weg.

Die Partner wissen, dass sie, selbst wenn es ihnen gelingt, eine neue Dimension der Liebe zwischen sich zu finden, darauf nicht den Rest ihres Lebens ausruhen können. Sie wissen, dass keine eherne und ewig vorgegebene Ordnung herrscht; sie muss immer wieder neu geschaffen werden. Sie wissen, dass es – irgendwann – neue Kämpfe, neue Diskurse geben wird, um der nächsten Lebensstufe und dem damit verbundenen permanenten Wandel der Liebe gerecht zu werden. Friedenszeiten wechseln mit Zeiten der Unruhe und des Aufruhrs, denn die Liebe hat viele Gesichter.

Intimer Dialog – eine permanente Revolution

Die Liebe mit zwanzig hat ein anderes Gesicht als die mit dreißig, vierzig oder fünfzig Jahren. Immer wieder verändern sich Gefühlslagen, Werteinstellungen und im Vordergrund stehende Lebenswünsche. Selbst die intimsten Sehnsüchte in der Sexualität ändern sich stetig. Erogene Zonen wandern in andere Körperregionen; neue Stellungen werden gesucht; im Liebesakt ändern sich Tempo, Rhythmus und Häufigkeit. Wo wilde Kraft und unbändige Energie toben, braucht es dann wieder die Zartheit eines Schmetterlings, der trotz seiner Leichtigkeit im Anflug die Blume zum Erzittern bringt. Die Wasser hinter der geheimen Pforte kommen langsamer zum Sieden und geraten doch tiefer in Wallung.

Leidenschaft auf Dauer – das ist die größte Herausforderung für die Liebenden. Mit jeder Entwicklungsstufe der Liebe ändern sich nicht nur ihre Bedeutungsinhalte, es kommen auch äußere Umwälzungen, Belastungen und Krisen hinzu: Kinder, Krankheiten, Berufsprobleme, Untreue und manchmal eben auch Trennung. Nicht in der absoluten Vermeidung all dieser stetigen Wandlungen, sondern in der gemeinsamen Bewältigung liegt die Ethik des Paares.

Genau dies eben erleben wir so häufig in der Arbeit mit Partnern. Dafür sind viele meiner Kollegen und Kolleginnen und ich selbst unseren Klienten auch dankbar. Immer wieder entsteht dabei das Gefühl gemeinsamer Andacht vor diesem Wunder, im dialogischen Handeln sich selbst zu finden. Im Wandel der Liebe den Partner und sich selbst immer wieder neu zu gestalten, in neue Tiefen und Höhen zu führen, das erfüllt den Sinn des Lebens. Seltsam, aber die Begriffe Höhen und Tiefen nehmen hier gleichen Bedeutungsgehalt an.

Auf diese Weise verwirklichen Paare ein wichtiges Lebensprinzip, das ebenso in der Politik existiert, dort mit einer anderen Sprache die »Notwendigkeit zur permanenten Revolution« genannt. In Mexiko ist eine solche »Partei der Institutionalisierten Revolution« deshalb schon 70 Jahre an der Macht, was natürlich seinen Sinn schon wieder verfehlt.

Naturgemäß überstehen nicht alle Liebenden und Paare diesen Prozess der inneren Revolution. Revolutionen sind immer gefährlich. Manche kommen leise, manche gehen blutig. Einige kommen zu früh, manche viel zu spät. In der Paartherapie erschüttern diese dann stattfindenden Umwälzungen oft wie ein Erdbeben die Gemüter. Auch das Alter schützt nicht davor, wie bei Isabel und Ernst, beide schon über 60. Der therapeutische Fall zeigt die harte, aber auch hoffnungsvolle Wirklichkeit des Intimen Dialoges. Sie riskieren in ihrem privaten Leben eine Revolution.

Ernst, ein Notar, zum ersten Mal in seinem Leben in einer *»Psychogruppe«* für Paare, nicht ganz freiwillig, eigentlich überhaupt nicht freiwillig, sondern weil Isabel es so wollte. Zum ersten Mal steht er davor, sich öffentlich über sein Beziehungsverhalten zu outen. Aus der Geschichte ihrer Partnerwerdung geht hervor, dass Isabel als Kind sexuellen Missbrauch erlitten hat – und er ganz als Macho erzogen worden ist. In den Briefen, die sie während der Gruppenarbeit zur inneren Tiefung und Bündelung schreiben, wird deutlich, wie sehr sich die Partner infolge dieser Altlasten zerstritten haben. Die Beiden sind ein gutes Beispiel, wie in der langjährigen Auseinandersetzung mit dem Partner allmählich eine reife und sich gegenseitig stützende und erfüllende Haltung die Oberhand gewinnt, wie Verantwortung und ethisches Verhalten aus der Liebe erwachsen.

Der erste Brief in der Gruppenarbeit hatte das Thema, sich selbst als *»Täter in der Beziehung«* zu bekennen, statt immer wieder die Schuld beim Anderen zu suchen.

Der Brief von Ernst:

Liebe Isabel,

mein Hauptfehler, den ich wohl von meinem Vater und von meiner Mutter übernommen habe, ist meine Überheblichkeit, mein Stolz. Demut zu lernen und zu leben soll mein Anliegen, meine Aufgabe sein.

Ich bitte Dich um Vergebung, weil Du die Folgen meiner Einstellung, mir sei alles erlaubt, aushalten hast müs-

sen. (Hier berichtet er unter Tränen, dass er jahrelang fremd gegangen ist. Ihre Depression habe er bewusst in Kauf genommen. Jetzt bittet er sie in der Gruppe wiederholt um Verzeihung und fährt fort vorzulesen.) Ein Teil der Wiedergutmachung ist meine Bereitschaft, an diesem Seminar teilzunehmen.

Meine zeitweise Distanziertheit, glaube ich, hatten eher unsere Söhne auszuhalten. Ich habe mir vorgenommen, dies zu ändern, indem ich z.B. ab und zu mit Mark essen gehe und mit Christoph ab und an ein paar Tage in Urlaub fahre.

Ich bitte Dich um Vergebung. Ich liebe Dich und lebe gerne mit Dir.

Dein Ernst

In einer späteren Sitzung folgte der so genannte *Seelendialog*, ein Brief nämlich an die eigene Seele mit dem Thema: Wie bin ich mit Dir, Du meine Seele, als Dein Träger und Besitzer, als Verantwortlicher für Dich in den letzten Jahren umgegangen? Wie habe ich Dich behandelt? Aufgabe ist, diese Fragen in einem Brief genau zu beantworten.

Eine wichtige Analogie kommt hier zum Tragen: Wir Menschen gehen mit unserem Partner um, so wie wir mit unserer eigenen Seele umgehen – oder anders herum: Wir können mit dem Partner nicht besser umgehen, als wir es mit unserer eigenen Seele tun. Im Gruppenprozess wird dieser Brief deshalb nach dem ersten Vorlesen noch einmal vorgelesen, diesmal mit einer kleinen, doch sehr wesentlichen Änderung. In die Anrede, die vorher »Liebe Seele« lauten sollte, wird jetzt statt dessen der Name des Partners eingesetzt. Das Ergebnis trifft oft ins tiefste Schwarz, zum Erschrecken beider. Bei Ernst lautete der Text so:

(Du, meine liebe Seele,)

Du, meine liebe Isabel,

in der letzten Zeit, in den letzten Jahren war ich in gutem ständigen Kontakt mit Dir. Es fand ein reger Austausch statt, ein ständiges Zwiegespräch.

Zeitweise habe ich Deine Stimme nicht gehört oder sie übergangen. Ich war weit weg von Dir, hatte zu wenig Kontakt, zu wenig Verbindung, zu wenig Verbundenheit. Das war nicht gut.

Du, meine Isabel, bist mir sehr wichtig, das Wichtigste. Du bist mein »Ich« und mein »Du«!

Ich wünsche mir von Dir, dass Du Deine Stimme erhebst und mich zur rechten Zeit bei meinem Namen rufst.

Ich verspreche Dir, mich bei meinem Namen rufen zu lassen, damit ich mit Dir in Einklang und in meiner Mitte bin.

Dein Ernst

Und nun Isabels Brief über ihre Täterschaft:

Lieber Ernst,

ich bekenne Dir, dass meine Unzufriedenheit mit Dir, die ich aber nicht gewagt habe, offen zu zeigen, Dir geschadet hat. Nach außen war ich »überangepasst«, aus Angst, Dich zu verlieren. Ich habe gemauschelt, wie meine Mutter, statt mutig und offen zu sagen, was mich stört.

Ich hatte ein tiefes Minderwertigkeitsgefühl als Frau – wie meine Mutter. Da ich mich nicht für wertvoll hielt, konnte ich nur in der Symbiose mit Dir bestehen, die nicht bedroht werden durfte durch offene Kritik, Klarheit, Streit, Offenheit. Ich war harmoniesüchtig, hatte Angst, Dich sonst zu verlieren, wollte es Dir immer recht machen, denn als Heimatvertriebene warst Du für mich Heimat. Das hat Dir geschadet und Dir die Luft zum Atmen genommen.

Ich habe in Dir den Gegenpol zu meinem Vater heiraten

wollen; seine autoritäre Art war mir zuwider – ebenso sein erotisches Begehren, das sich auf mich richtete.

Inwieweit ich Dir damit geschadet habe, weiß ich nicht so genau. Meine Reaktion auf seine autoritäre Art – einen Mann zu wählen, mit dem ich gut reden kann – war jedenfalls ausgezeichnet. Dass meine Sexualität – wie mir scheint – nicht nachhaltig gestört wurde (vielleicht aber doch mehr, als ich weiß) – dafür danke ich meinem Schutzengel.

Ich schreibe diese Zeilen in der Kapelle, in der Du heute – am Fest der Engel Michael, Gabriel und Raphael – die Lesung vorgetragen hast. Der Name der drei Engel bedeutet: »Wer ist wie Gott«, »Gott heilt« und »Gottes Medizin«.

Ohne die Gnade hätte bei meinen Altlasten die Ehe scheitern müssen.

Ich danke Dir, dass ich durch Dich und mit Dir wachsen und mich entfalten konnte, dass wir miteinander Kinder und Enkel haben, die gerne zu uns kommen, und Schwiegertöchter, mit denen wir ein vertrautes Verhältnis haben, dass wir beide so gerne zusammen sind und dass ich mit Dir und durch Dich lieben lernen kann.

Isabel

Ihr Brief an ihre eigene Seele lautet, auf ihn übersetzt:

(Liebe Seele,)

Lieber Ernst,

Zeitweise in meinem Leben hatte ich innigen Kontakt mit Dir – manchmal habe ich Dich weniger gespürt. Im innigen Kontakt mit Dir habe ich am intensivsten gelebt. Ich gebe Dir Nahrung durch die Freude, die ich erlebe, alleine – mit Dir – mit anderen Menschen, durch Musik, Natur, Bücher, Gespräche, Meditation und Gebet. Du bist das Kostbarste, das ich in diesem Leben habe.

Isabel

Es wird deutlich, dass die Wege zur mitfühlenden Verantwortung, wie etwa der Buddhismus den Begriff Ethik füllen würde, oft Jahre brauchen. Wunder brauchen manchmal lange, aber sie finden statt. Aus diesen Briefen und den folgenden Fallanalysen gehen die vier psychologischen Strategien des Intimen Dialogs und für unser Projekt einer neuen Beziehungskultur hervor.

Dialogverdichtung – mit allen Sinnen

Am Fall von Marlies und Conrad sei die Feinarbeit eines solchen Werdeprozesses in Einzelschritten dargestellt, um die erste der vier Strategien, die *Dialogverdichtung,* verständlich zu machen. Außerdem wird damit deutlicher, wie mikroskopisch unsere Seelen arbeiten, wenn es darum geht, mitfühlendes Empfinden und damit auch Ethik zu lernen.

Conrad ist vom ersten Eindruck her ein liebevoller, eher weicher, wohl erfolgreicher Manager, jetzt mit über 60 Jahren, im Ruhestand. Im Klientenfragebogen wird allerdings deutlich, dass er viele Karrierebrüche hatte, ebenso wie Partner-Brüche. Jetzt ist er da mit seiner vierten Frau. Marlies wirkt in ihrer Gekränktheit drohend, aggressiv und rechthaberisch, kann aber ebenso schnell in Tränen zerfließen und weich werden. Dann gerät sie in einen Gefühlsüberschwall, öffnet sich ganz und will auch ihn ganz haben, alles von ihm, und ihn nicht mehr loslassen. Conrads Partnerwerdung fördert zu Tage, dass seine Mutter überliebevoll auf ihn eindrang – er konnte sich nur durch Trotz, der später zur Reaktanz wurde, entziehen. Die Trauer der Mutter darüber konnte er dann ausschließlich durch übergroße Liebheit wieder wett machen. Sein ganzes weiteres Leben wird nun durch diese Spaltung zwi-

schen verzweifelter Liebheit und ebenso verzweifeltem Trotz bestimmt. In der Folge fühlt er sich von Marlies ständig vereinnahmt und reagiert auf deren intensive Gefühlsnähe mit totalem Abblocken – weit im Voraus.

In seiner Liebheit befolgt er dementsprechend brav, was ich ihm als Therapeut sage, und macht auch alle Übungen. So soll er seine Täterschaft Marlies gegenüber benennen und sie um Verzeihung bitten. Er befolgt meine Anweisung – mit tonloser Stimme, etwas stotternd, zählt eine Reihe von Sünden und Verfehlungen auf – präzise und richtig. Aber ihr Gesicht bleibt versteinert, es springt kein Funke über – und auch ich fühle keine Resonanz bei seinen Worten; sein Gesicht bleibt bis auf ein höfliches Lächeln unbewegt.

Ich könnte ihm und ihr noch Hunderte solcher Übungen anbieten – ohne wirklichen Erfolg.

Die Lösung geschieht im Sinn der Dialogverdichtung durch Zuhilfenahme möglichst aller fünf Dialogsäulen der Paarsynthese. Allerdings mit dem Wissen über Trotz im Hintergrund: Trotz ist eine frühe und notwendige Überlebensstrategie von Kindern, um sich gegen die Übermacht der Eltern zu retten. Ein früher Partnerstil also, der allerdings wie die zu kleine Kinderkleidung beim Heranwachsen abgelegt werden muss.

Trotz als Partnerstil wird später sinnlos, denn eine zentrale Eigenschaft von Trotz ist seine Blindheit, d.h. er schlägt ungerichtet und wahllos zu. Die Wirkung von Trotz ist die, dass der Trotzige gefühllos, unempfindlich gegen seinen eigenen Schmerz und den des anderen wird. In diesem Zustand können schlimmste Schläge schweigend, voll ohnmächtiger Überlegenheit hingenommen werden, während der Schläger in überlegener Ohnmacht immer härter straft. Wird der Trotz (= Reaktanz) als Partnerstil nicht überwunden, wird eben diese Gefühllosigkeit, diese Indolenz in die Beziehung hineingetragen.

So verhielt es sich eben bei Conrad. Er fühlte einfach nicht – weder bei den Übungen, noch bei der Bitte um Verzeihung, noch im intimen Akt der Sexualität: Er war einfach nur lieb und artig und völlig starr. Schließlich redete er kaum noch. Marlies schenkte ihm erst all ihre Gefühle, fühlte sich aber damit allein gelassen, dann suchte sie bei ihm danach, bat ihn um die seinen, dann bettelte sie, dann schrie, weinte, tobte sie – dann schlug Conrad zu. Es war zum Verrücktwerden.

Die Dialogverdichtung in der Therapiearbeit, die ihn zum Fühlen bringen soll, geht nun millimeterweise vor:

Conrad soll sie noch einmal um Verzeihung bitten, ihr dabei aber in die Augen sehen, und vor allem so nahe rücken, dass er zumindest ihre Hände ergreift. Schon bei der Anweisung fängt Marlies an zu weinen. Er zuckt jetzt zurück. Ich schiebe ihn wieder ran. Er beginnt, heftiger zu stottern, sie zu streicheln, bittet noch einmal um Verzeihung, fühlt aber nichts dabei. Er soll aufhören zu reden und ihre Tränen anfassen. Er tut es, wieder ohne Fühlen. Er soll ihre Tränen schmecken, Marlies weint jetzt laut und heftig. Da schließt Conrad sie in seine Arme, fängt an zu flüstern – und kostet ihre Tränen wirklich. Er fragt sie: Sollen wir noch einmal von vorne anfangen?

Resonanzenergie – Das Echo der Liebe

Zwischen den Beiden hat sich nun etwas ereignet, was die *Paarsynthese* mit dem Begriff *Resonanzenergie* (Cöllen 1997, S.145) umschreibt: Die Unterschiede, Fehler, Defizite und Blockierungen der Partner werden nicht mehr in gegenseitiger Anklage und Beschuldigung ausgetragen, sondern im Wissen um das gemeinsame Suchen nach Weiterentwicklung. Statt Lebens- und Liebesenergie in der

Durchsetzung gegenüber dem Partner zu verpulvern, wird dieselbe in Resonanzenergie umgewandelt. Nicht Sieger zu bleiben über den Anderen ist das Ziel, sondern durch Resonanz mit ihm zur gemeinsamen und vollen Entfaltung zu kommen. Den Partner zum Opfer machen, das zerstört auf Dauer die eigene Stärke. Nicht Macht und Gewalt entscheiden über den Erfolg, sondern das miteinander in Schwingung treten, wie etwa der Schmetterling trotz heftigen Windes seinen Weg findet oder das weich strömende Wasser den Stein im Flussbett formt.

Die Systematik dieser Therapiearbeit findet ihre Fortsetzung darin, dass Conrad diesen beginnenden Gefühlsdialog auch auf seine Söhne und Enkel ausdehnen soll, deren Gefühlsnähe er gleichfalls gemieden hatte. Ebenso beginnt er, bei Freunden Nähe zu suchen. Es setzt eine Veränderung ein, die weit über die enge Paarbindung hinaus geht. Conrad berichtet später, dass selbst seine Geschäftspartner und Auftraggeber sich an seinem neuen Verhalten freuen. Seine erwachte Fähigkeit zum seelischen Mitfühlen, zum Mitschwingen, seine *Resonanzenergie* wirkt.

Der Übergang vom Paar zur Gruppe, und damit auch zur Gesellschaft und Politik, ist so hergestellt. Hier greifen psychologische, politische und ethische Fragen dicht ineinander: Unbestreitbar bringen Conrad und Marlies beide schwere Altlasten und Persönlichkeitsdefizite mit aus ihrer Kindheit in die Beziehung: Er ist eher ein Gefühlskrüppel, unbeholfen wie ein ABC-Schüler, sie dagegen ist mit einem Übermaß von Gefühlsausbrüchen in alle Richtungen ausgestattet, womit sie jedes ertragbare Maß an Gefühlsaustausch überflutet. Das Ergebnis: Er blockt mehr denn je in seinem Leben.

Jetzt setzt ethisches Handeln der Beiden ein: Diese

beidseitigen, offensichtlichen Behinderungen dienen den sich trotz allem Liebenden nicht dazu, sich immer weiter gegenseitig zu bestrafen, zu verurteilen und sich letzten Endes zu zerstören, obgleich sie sich kurz davor befinden. In ihrer gemeinsamen therapeutischen Arbeit beginnen sie statt dessen, *gezwungen* durch die Reaktionen des Partners, an ihren Fehlern miteinander zu arbeiten und dadurch zu wachsen.

Polaritätsprinzip – Gott und Teufel

Die Paardynamik des ersten Paares, Isabel und Ernst, zeigt ein Grundprinzip der Liebe und der Ethik, dem wir Menschen alle unterworfen sind: das *Polaritätsprinzip*. Dies Prinzip, das überall im Kosmos und auf der Erde herrscht, wird von gewichtigen Autoren gegen eine Philosophie und Politik des Entweder – Oder, der Dogmen, der allein seligmachenden Religionen, gegen autoritäre Lehrmeinungen und Wissenschaftler, gegen Diktatoren und indoktrinierende Moralisten ins Feld geführt. Das Prinzip besagt, dass jedes Ding, jede Erscheinung der Welt sein Gegenstück hat und nur dadurch existent ist. Jedes Phänomen hat also zwei Pole als Grund und Antriebskraft. So gibt es das Gute nur, weil es auch das Böse gibt, die Nacht nur mit dem Tag und schließlich Gott nur, weil es den Teufel gibt. »Mit Gott ist auch der Teufel da: Diabolus est Deus inversus«, schreibt Oscar Schmitz (1922, S. 257). Eine Einstellung, eine Meinung oder ein Bedürfnis, eine Idee allein kann demnach nie richtig sein. Immer gilt auch eine Gegenmeinung. Der andere Pol hat dasselbe Recht. Die Wahrheit liegt daher im *Sowohl als Auch* statt im *Entweder – Oder*.

Wir Menschen besetzen diese Pole unterschiedlich, je nach Entwicklungsstand. Zwischen Partnern kommt es bei gleichzeitiger Polbesetzung zu Momenten höchster Harmonie und entgegengesetzt zu Momenten höchster Differenz.

Auf Liebe und Ethik angewandt besagt es, dass wir alle – manche freilich nur unbewusst – innerlich schwanken zwischen einander entgegengesetzten Wünschen und Bedürfnissen. Da ist unser Streben nach Hingabe, Treue, Sicherheit, Dauer und Geborgenheit auf der einen Seite und nach Abenteuer, Abwechslung, Selbstverwirklichung und Veränderung auf der anderen. Mit dem Stoßseufzer *»Zwei Seelen hab ich, ach, in meiner Brust«* müssen wir leben und zwischen diesen Polen und Gegensätzen, die in der Welt genauso wie in mir selbst zu Hause sind, letztendlich den eigenen Weg finden bzw. mit dem Partner den gemeinsamen auskämpfen.

So auch Ernst, der zwischen seiner katholischen Grundüberzeugung von ehrenhafter Treue, Korrektheit und Zuverlässigkeit und seinen heimlichen Gelüsten nach sexueller Erfahrung, Freiheit und Lebensgenuss zerrissen war. Und Isabel, die zwischen Anpassung, Unterwerfung, Verzicht einerseits und Abgrenzung, Selbstbehauptung und Durchsetzung andererseits schwankte.

Nun zeigt sich die Logik der Seelen, die sich in der Partnerwahl gefunden haben, in vorzüglicher Weise: Beide haben sich gewählt, weil der Eine vom Anderen genau das lernen kann, was ihm selbst fehlt und was sie wie ein gemeinsames Kernproblem mit sich herumtragen, nur jeweils als die andere Seite der Münze. Ernst hat von ihr die Fähigkeit zum Verzicht, Isabel von ihm die Fähigkeit zur Lusterfüllung zu lernen. Im *Substanzkonflikt*, ihrem gemeinsamen Lebensthema, geht es für beide um die angemessene Selbstverwirklichung. »Von der Polarität zur

Paarsynthese«, so betiteln Nitsch-Berg/Kühn (2000, S. 239) denn auch diesen wichtigen Arbeitsschritt im Verlauf ihrer Methodendarstellung der Integrativen Therapie. Die volle menschliche Entfaltung und Reifung ereignet sich im Spannungsfeld von »Ich und Du«, von männlich und weiblich, von Schwächen und Stärken in dir und mir.

Auf diese Weise haben die meisten von uns den für sie genau richtigen Partner gewählt – richtiger, als wir ahnen. Die manchmal auch un-heimliche Logik der Seelen hat denjenigen Partner ausgesucht, durch dessen *Polbesetzung* (bzw. Fehler) wir am stärksten gezwungen werden, uns mit unseren eigenen Fehlern bzw. Polbesetzungen auseinander zu setzen.

Das ist durchaus auch eine Evolutionstheorie besonderer Art: Ich wähle unbewusst den Partner, der mich selbst im Zusammenspiel der Fehler am krassesten herausfordert, um so die eigene innere optimale Entwicklung nehmen zu können.

Ein anderer Fall verdeutlich es: Thomas, 50, sieht aus wie Mephisto, ist von Beruf aber Pastor. Heike, 45 und Sozialpädagogin, wirkt wie Gretchen, eine schlichte und naive, aber tapfere kleine Frau. Er redete seit seiner Schulzeit immer von Moral und betont auch in der Nach-68-er-Zeit als Student in seiner Wohngemeinschaft die Moral der Zweierbeziehung. In Wirklichkeit giert er aber heimlich nach anderen Frauen und Orgien. Seine damalige Freundin in dieser Wohngemeinschaft und jetzige Frau, Gretchen, konnte sich aber gar nicht zu einer sexuell aktiven Frau entwickeln, weil er dauernd gegen die sexuelle Liberalität zu Felde zog. Er verwickelt sie so in seine Falle der Doppelbotschaft: Sie bleibt sexuell und erotisch völlig unentwickelt, zumal sie als 13jährige sexuell missbraucht wurde. In der Folge macht der Pastor seine Frau zu seinem reinen Gewissen, zur Hüterin seiner Moral, während er selbst immer wieder heimlich fremdgeht, schließlich ein offenes Verhältnis hat, angeblich, weil seine Frau ja so lustfeindlich ist.

Die *Paardynamik* zeigt: Ein heimlicher Lüstling hatte sich eine hilflose Jungfrau gewählt. Auch hier wieder die gemeinsame Entwicklungsaufgabe: Der Substanzkonflikt ist in der Sexualität pointiert und für beide Persönlichkeiten von großer Bedeutung. Statt Lustplünderei zu betreiben, gilt es für ihn, den sinnlichen Austausch in der Tiefe der Seele zum Schwingen zu bringen. Für sie gilt, sich trotz ihrer traumatischen Mädchenerfahrung zu einer lustvollen Frau erwecken zu lassen.

Nun setzt die ethische Leistung dieses Paares ein: Nach einer neuerlichen, diesmal ernsthaften Seitenbeziehung des Mannes wird beiden klar, dass jetzt eine tiefgreifende Veränderung oder aber eine Trennung erfolgen muss. Sie beschließen, es noch einmal miteinander zu versuchen. Der durchaus schwere Weg der Therapie beginnt – und sie lassen sich nicht schrecken.

Mutig folgen sie den fünf Schritten der Paartherapie:

- rückhaltlose Aufdeckung ihrer Krisendynamik,
- Durcharbeiten der kindlichen Altlasten,
- Entflechten ihrer in der Kindheit erworbenen Liebesmuster,
- Einsicht in ihre jeweils persönlichen Entwicklungsaufgaben und abschließend
- Neugestaltung der von den Altlasten befreiten Paarbeziehung.

Die fünf Dialog-Säulen der Partnerschaft werden nach und nach wieder aufgebaut. Es kommt zur lang ersehnten *Dialogverdichtung* zwischen den Partnern, die für beide sinnvolle Befriedigung bringt. Und damit wirken sie zusammen sinnerfüllend, was ethisches Handeln in sich darstellt. Bei einem Wiedersehen nach Jahren strahlten sie immer noch.

Fehlerdynamik – Die Wahrheit beginnt zu zweit

Eine solche Strategie der Fehlerdynamik könnte für unser Projekt Liebe, für unsere Suche nach einem Weg, auch in größeren Gemeinschaften Ethik neu zu lernen und zu üben, entscheidend sein.

Wie es funktioniert, wurde bereits verschiedentlich angedeutet:

In der Partnerwahl suchen sich Menschen nicht nur nach Attraktion und Stärken, sondern auch – mehr oder meist weniger bewusst – nach Fehlern und Schwächen in unterschiedlicher Polbesetzung aus. Und gerade diese Fehler beim Partner bilden später den entscheidenden Anstoß zur eigenen seelischen Weiterentwicklung. Wir brauchen sie als Herausforderung, um unsere Abwehr und unseren Widerstand gegen die schmerzhafte, mühselige und langdauernde Arbeit an unserer Selbstkorrektur auch wirklich durchzuhalten. Es sind nämlich genau die Fehler am Partner, die mich am meisten aufregen und zum größten Streit führen, die ich bei mir selbst bearbeiten muss. Die Fallbeispiele oben haben es deutlich gezeigt.

Wichtiger Bestandteil dieser Fehlerdynamik ist das *System der blinden Flecken*, das wir alle haben. Jeder ahnt es zumindest, dass wir Menschen in der subjektiven Wahrnehmung unserer eigenen Fehler beinahe blind sind. Jesus sagte schon vor 2000 Jahren: *»Es ist leichter, den Splitter im Auge des anderen zu sehen als den Balken im eigenen Auge.«* Genau das funktioniert mit un-heimlicher Präzision bei allen Menschen und in ihren Beziehungen, an jedem Ort und zu jeder Zeit auf dieser Welt.

In der intimen Enge der Liebesbeziehung und des damit verbundenen gemeinsamen Partnerraumes wird es aber auf Dauer unerlässlich, dass der Eine den Anderen kritisch auf seine Fehler aufmerksam macht und ihn zur Veränderung drängt, statt ihn zu akzeptieren, wie er ist.

Während ich nämlich im Nebel meiner eigenen getrübten Selbstsicht herumtappe, beleuchtet mein Partner wie mit Nebelscheinwerfern, oft sehr grell, manchmal zu grell, eben diese meine Fehler, die ich sonst nicht erkennen könnte. Und umgekehrt beleuchte ich natürlich die Seinen. So werden wir uns gegenseitig zur Erhellung und zur Erleuchtung. Die Partner werden Entwicklungshelfer füreinander – selbst wenn dies nicht immer ganz so freiwillig geschieht. Erstaunlich ist nämlich, dass beinahe alle Menschen großzügig zugeben können: »Natürlich, klar, ich habe auch Fehler.« Frage ich sie aber, welche Fehler dies denn genau seien, wird es meist schwammig, ausweichend und wenig konkret. Und sich für den Schaden, der durch solche Fehler entsteht, auch noch verantwortlich zu fühlen und den Partner um Verzeihung zu bitten, schaffen nur noch ganz wenige.

In dieser gegenseitigen Herausforderung erfüllen Partner ethische Aufgaben, indem sie mitfühlende Verantwortung übernehmen, indem sie einander zum seelischen Reifen und Wachsen verhelfen und dadurch für gegenseitige Gesunderhaltung sorgen. Und genau das ist nach Ansicht von Taoismus und Tantrismus, aber auch von modernen westlichen Autoren wie Maturana u. a. die sittliche Aufgabe der Menschen: für die Erhaltung der natürlichen Kreisläufe zu sorgen und damit seinen eigenen Platz in diesem Kreislauf auszufüllen. Das Fehlerpotential dient also in Wahrheit als Entwicklungspotential.

Schlussfolgerungen

Wird aber ein solcher Weg übertragbar sein auf Politik und Wirtschaft, auf die Umwelt überhaupt? Oder auch nur auf größere Gruppen?

In der Außenwelt gibt es ein Faktum, das dieses Prinzip der hilfreichen und heilsamen Fehlerdynamik außer Kraft setzen kann, nämlich Macht. Gerade in Politik und Wirtschaft ist das Machtgefälle oft zu groß, als dass es noch möglich wäre, dass Untergebene oder Mitarbeiter diese kritische Aufgabe des Nebelscheinwerfers und Entwicklungshelfers übernehmen könnten.

Wir brauchen dazu gar nicht erst in Länder mit Diktaturen oder totalitären Regimen zu gehen. Dort ist es ja sichtlich und augenscheinlich, dass solche Machthaber, religiöse Fanatiker, ausbeutende Kapitalisten und blutrünstige Revolutionäre letzten Endes seelisch krank sind. Hunderttausende müssen in vielfachen Kriegen für sie hungern und bluten. Diese suchen sich, aus eigener abgrundtiefer Angst den Menschen und dem Leben gegenüber, durch einen nie zu sättigenden Machthunger mit der Sucht nach immer mehr Besitz, Einfluss und ideologischer Rechthaberei vor möglichem Liebesverlust abzusichern. Und das Schreckliche dabei: Weltweit wagt kaum ein Politikerkollege oder Topmanager, solche Unmenschen und ihre Greueltaten also solche zu benennen. Statt dessen spricht er seinen Amtsbruder nach wie vor als ernsthaften Politiker oder Unternehmer an.

Gleiches gilt bei uns in den *zivilisierten* Demokratien: Wagt denn heute bei uns jemand wirklich, einem Bundeskanzler, einem Industriekapitän oder einem Bischof seine kritische Meinung zu sagen und laut über deren Fehlverhalten zu sprechen? Da sitzen doch leider oft Männer an der Spitze, die nicht nur Fehler haben, sondern die in gefährlichem Ausmaß neurotisch sind. Diese Neurosen werden aber nicht als solche benannt, sondern hinter Amt und Ehren mit Funktionszwängen, mit Wählermeinung und Volkswillen, mit Hinweisen auf den *Verbraucher draußen im Lande* und anderen dubiosen Begründungen verdrängt und weggeredet. »Des Kaisers neue Kleider« geben ein schlagkräftiges Beispiel.

Solchen Männern ihr seelisches Fehlverhalten vorzuhalten, statt es mit Diplomatie abzufedern, mag Illusion bleiben. Möglicherweise aber geht der Weg, langsam und stetig, über den Umweg der *»Mündigkeit«*: Menschen, die sich in ihrer Beziehung zur Liebesfähigkeit durcharbeiten, beschreiten den Weg der Befreiung von blockierenden Normen und einengenden Defiziten. Sie emanzipieren sich. Sie denken mit dem Herzen. Sie fühlen und erkennen sinnlich-anschaulich. Dadurch entwickeln sie Verantwortung für ihre Liebe, für ihr persönliches und gemeinsames Heil. In diesem Sinn wirken sie auf Politik und Wirtschaft zurück. So könnte sich Demokratie auch im Großen einlösen. Mündige und liebesfähige Menschen gehen zur Wahl.

Eine Utopie?

Nein: Die *»Liebe als Lernmodell«* für ethisches Verhalten wird ein realistisches Projekt bleiben. Wir haben im Namen der Liebe zwar viel Zerstörung erlebt, aber auch viel Neuanfang und Wiederaufbau. Hoffnung, Utopie und Vision sind dabei die Schwestern der Liebe.

Nach Marylin Ferguson hat die stille, friedliche Revolution dazu schon begonnen. Weltweit geschieht immer mehr Vernetzung bereits existierender Gruppen, die auf diesem oder einem ähnlichen Konzept aufbauen. Der praktische Weg dahin erfordert psychologische Arbeit.

Lernen von Ethik aus Liebe – Einüben als Haltung

Unser Projekt hat in Unterscheidung zu anderen Ethiklehren den Ansatz, durch die psychologischen Strategien von *Dialogverdichtung, Fehlerdynamik*, *Polaritätsprinzip* und *Resonanzenergie* ein lebendiges Ethos jeweils gemeinsam zu entwickeln. Nicht eine vorgegebene Ordnung, sondern der eigene innere Impuls treibt uns dazu an. Das uns Menschen innewohnende Sehnen danach wird aber erst durch Übung zu einem sicheren *Orientierungswissen* für ethisches Verhalten. Maximen und Verhaltenskodizes müssen dann nicht mehr unter Strafandrohung oder Schuldzuweisung befolgt werden. An Hand von Falldarstellung und mit Hilfe von Übungen und Ritualen wird das Entwickeln und Einüben von sinnerfüllendem Verhalten aufgezeigt.

Das Energie- und Entwicklungspotential im liebenden Miteinander, Ineinander und auch Gegeneinander ausschöpfen zu können, erfordert zusätzlich spezielle Kenntnisse und Fertigkeiten. Es gilt, die *Regeln und Gesetzmäßigkeiten der Liebe* zu erkennen, sie geduldig einzuüben und schließlich bewusst zu praktizieren.

Damit lehnen wir uns an buddhistische Traditionen an. Nicht um Sünder und Heilige, sondern um Menschen geht es, die lernen wollen, friedlich und liebevoll zu leben. Es wird kein Gehorchen, Unterordnen oder Anpassen gefordert. Der eigenen psychologischen Bedürftigkeit entsprechend, fördern wir das Einüben in den *Intimen Dia-*

log in all seinen Facetten. Zu Zweit geht das leichter, weil die Partner sich gegenseitig auf Fehler aufmerksam machen können.

De facto praktizieren Liebende täglich Ethik und üben sich – mehr oder weniger bewusst – darin ein: im Streit ebenso wie im Diskurs, im Disput, im Beischlaf, in der Erotik, in ihrer Spiritualität. Im Austausch von Körper, Geist und Seele zwischen den Liebenden wächst Verantwortung füreinander – von Angesicht zu Angesicht.

Im Folgenden stellen wir Regeln, Einsichten, Übungen und Meditationen vor, wie wir sie in der Paar-Therapie seit langem praktizieren und dort als wirksam erlebt haben. Jeder versucht dann im ersten Schritt zu erkennen, wie weit diese mit seinem eigenen inneren Fühlen und Wünschen übereinstimmen. Im zweiten Schritt beginnt er/sie, diese mit dem Partner durchzusprechen und so besser zu verstehen. Im dritten Schritt beginnen Beide, einzelne Übungen und Anregungen selbst nachzuvollziehen.

Die »Weisheiten der Liebe«

Die Liebe lehrt, stark zu sein, aber nicht stärker als der Andere; gut zu sein, aber nicht besser als der Andere; weise, aber nicht besserwissend zu sein; ausdauernd, aber nicht nachtragend; behutsam, aber nicht ängstlich; zu kämpfen, aber nicht, um zu gewinnen.

Warum denn, werde ich oft gefragt, muss oder soll in der Liebe überhaupt gekämpft werden ?

Die Liebe lehrt, in erster Linie mit sich selbst zu kämpfen. Die Fehler des Anderen sind dabei immer als Spiegel eigener Fehler zu verstehen. Sie zeigen mir, wo ich an mir selbst zu arbeiten habe. Was mich am meisten an dir stört und ärgert, hat immer eine direkte Entsprechung in mir. Indem ich dich erkenne, erkenne ich mich selbst. Ich sehe deine blinden Flecken, du aber siehst die meinen. Indem ich liebevoll statt strafend mit deinen Fehlern umgehe, lerne ich, mich mit eigenen Fehlern auszusöhnen, eigene Fehler vor allem einzugestehen und dir deine Fehler zu verzeihen, auf dass du mir die meinen verzeihst. Die Liebe lehrt, das mich Trennende und mir Fremde in dir zu würdigen, auf dass du meine Eigenheiten würdigst. Und schließlich lehrt die Liebe, eigenes Tätersein einzugestehen, statt dich anzuklagen.

Ein Politiker hatte demgegenüber in sehr konzentrierter Formulierung nach Helmut Kohls Spendenaffäre für sich und seine Partei genau die entgegengesetzte Losung ausgegeben: *»Endlich raus aus dem Büßergewand und rein in den Kampfanzug.«*

Das meint jedoch eine ganz andere Art von Kampf, einen, in dem es nämlich wieder um das *»Entweder – Oder«* geht, um Gewinner oder Verlierer, um Sieg oder Niederlage. Wir fügen deshalb die Gebote der Liebe an.

Die »Drei Gebote der Liebe«

Sicher könnten wir auch zehn Gebote daraus machen. Aber das sind zu viele, die merkt sich keiner, das sehen wir schon an den *Zehn Geboten* in der Bibel:

1. Tausche Dich aus

- Liebe wächst im Austausch von Körper, Geist und Seele zwischen Mann und Frau, nicht durch Unterwerfung,

Angst, Ausbeutung und Krieg. Austauschen aber heißt: Geben und Nehmen, Hingabe und Abgrenzung, Gemeinsamkeiten leben und Gegensätzliches austragen. Um Harmonie zu schaffen, braucht jede Liebe eine *Streitkultur* zur lebenslangen Erweiterung der Austauschmöglichkeit. Nachgeben allein, ohne Selbstbehauptung, erzeugt Depression ebenso wie egoistische Durchsetzung auf Kosten des Anderen.

2. Gib Zeit dafür

- Um diesen Austausch von Gefühlserleben zwischen den Liebenden und Streitenden in den geannten drei Dimensionen des Menschseins von Körper, Geist und Seele möglich zu machen, braucht es Zeit. Starke Seelengefühle müssen gleichermaßen wie physikalische Energie aufgebaut werden. Sie brauchen Nahrung; sie brauchen Zeit zum Anwachsen und Zeit zum Ausklingen. Sie brauchen Resonanz und ökologischen Umgang. Dabei gibt es verschiedene Zeitqualitäten, die nötig sind: nämlich Intensivzeit miteinander, Parallelzeit der Partner, Traumzeit, Eigenzeit, Auszeit. Verena Kast spricht vom *Zeitnotstand* vieler Paare. Wir ergänzen: *Liebe schenken heißt Zeit schenken.* Nicht müde von der Arbeit heim zur Liebe kommen, sondern müde von der Liebe zur Arbeit gehen.

3. Übe Dich ein

- Um den Austausch solch hoher Liebesenergie richtig auszusteuern, brauchen wir, wie im Umgang mit jeder Energie, besondere Kenntnisse, Fertigkeiten und Fähigkeiten. Wir brauchen sie wie *»menschliche Werkzeuge«*, mit denen umzugehen wir immer mehr einüben. Das sind in der Psychologie der Liebe vor allem zwei Werkzeugkästen, nämlich die oben schon genannten

Dialogebenen und die Partnerstile. Der Werkzeugkasten der Dialogebenen (Cöllen 1997, S.123) beinhaltet *Körper, Gefühl, Sprache, Sinnfindung und Zeitanwendung*. Sie gelten als Säulen jeder Partnerschaft, als die Ebenen, auf denen sich der ganze Austausch der Liebe vollzieht. Der Werkzeugkasten der Partnerstile (Cöllen 1997, S.128) beinhaltet die fünf Fähigkeiten von *Anpassung, Durchsetzung, Planung, Intuition und Integration*. Je nach Situation sind sie adäquat einzusetzen.

Bei fortschreitender Übung wird es möglich, mehr und mehr von dem zu verwirklichen, was wir uns im Allgemeinen von der Liebe erhoffen. Wir brauchen es zu unserer körperlichen und seelischen Gesunderhaltung:

Bewusst Liebende achten aufeinander, ehren und würdigen einander, sie loben und preisen sich gegenseitig, sie verzeihen einander und gestehen sich gegenseitig Fehler ein. Sie sorgen füreinander und kümmern sich umeinander. Sie sind sich dankbar und sprechen gut voneinander, auch wenn sie durchaus Fehler beim Anderen erkennen. Sie stehen zueinander und bekennen sich zum Anderen. Sie sind konzentriert aufeinander, hören sich zu und sind aneinander engagiert, sich gegenseitig zu verstehen. Sie schenken sich Zärtlichkeit und Lust, verschmelzen ihre Seelen, Herzen und Körper und vertrauen sich einander an.

Es sei fast beschwörend wiederholt: Es geht grundsätzlich nicht um einen Idealzustand oder um eine Predigt, sondern um das Konzept der ethischen Selbstverwirklichung im Du. Dabei wird kein beseligender Endzustand angestrebt, sondern das harte alltägliche Üben vorgeschlagen, diesem Ziel der Reife näher zu kommen. Es funktioniert ähnlich wie bei sportlicher, künstlerischer oder lernender Betätigung: Alles braucht Übung und Training, Geduld und Ausdauer, um zu einem wirklich befriedigenden Ziel zu kommen – von den wenigen Naturtalenten abgesehen. Und die werden meist zu früh verschlissen. Auch wenn das Training hart ist, bringt es schon nach wenigen Monaten eine innere Befriedigung, weil sich dadurch die eigene seelische Konstitution erheblich stabilisiert und das Selbstwertgefühl sich steigert – wie sich beim Joggen Körperkondition und Immunsystem verbessern.

Der Intime Dialog beginnt

Im Folgenden stelle ich Anleitungen für solche Einübung in die praktische Ethik vor. Sie beinhalten eine *Beziehungskultur* ebenso wie eine *Streitkultur* und eine *Trennungskultur*. Alle drei zusammen machen die Liebeskultur aus. Sie stammen teils aus der Erfahrung und dem Wissen von Therapeuten. Zu großen Teilen sind sie aber abgeleitet aus den Arbeiten der betroffenen und Rat suchenden Paare selbst. Jede einzelne dieser Übungen sollte eine ganze Woche lang Thema sein und jeweils für sich und mit dem Partner geübt werden.

Zur Beziehungskultur

Wir beginnen mit einer sehr selbstverständlichen, einleuchtenden und fast leicht erscheinenden Aufgabe. Sie ist es aber nicht. Ihre Dynamik liegt in der klaren Einfachheit – und sie wirkt seit Jahrtausenden. Sie ist u.a. eine Abwandlung der Aufforderung Jesu »Liebe Deinen Nächsten wie Dich selbst«, auf den sich ja auch Oscar Schmitz in seiner »Ethik des Ich und Du« beruft.

Die Wunschumkehrung

Sie besteht aus drei Schritten. Am besten ist es, jeden der drei Schritte für sich selbst erst zu meditieren und dann aufzuschreiben, bevor sie mit dem Partner durchgesprochen werden:

1. Wie im Märchen hast Du drei Wünsche an Deinen Partner frei. Überlege sie Dir gut, denn – wie im Märchen – geht das Wünschen schnell nach hinten los, wenn Du zu kurzsichtig dabei vorgehst. Es sollen wesentliche Wünsche sein, die den Kern eurer Beziehung treffen, deren Erfüllung Dich in Deiner Liebe zum Partner wieder ganz aufblühen lassen würde. Also etwa so: Welche drei Wünsche habe ich an Dich, damit unsere Beziehung erfüllt werden und die Verwundung heilen kann? (schriftlich niederlegen)
2. Jetzt kommt der überraschende und entscheidende Schritt, nämlich die Wunschrichtung einfach umzudrehen. Das heißt dann etwa so: Bin ich selbst bereit, Dir die oben vorgetragenen Wünsche zu erfüllen? Meine Wünsche also in Geschenke als Vorleistung an Dich umzuwandeln, und nicht erst zu warten, bis Du sie mir erfüllt hast?
3. Jetzt kommt die tiefenpsychologische Wirkung zum Tragen: Es gilt, eine ehrliche Antwort auf die Frage zu finden: Wie verhindere ich in paradoxer Weise selbst die Erfüllung der an Dich gerichteten Wünsche? Was sind meine Anteile daran, dass Du mir diese Wünsche auf keinen Fall erfüllen kannst?

Wichtigstes Ziel dieser in sich eben doch sehr schwierigen Aufgabe ist nämlich die Einsicht und das Erkennen, dass ich selbst oft die Erfüllung des von mir am meisten Ersehnten und Gewünschten verhindere. Und damit treibe ich den Partner in eine ausweglose Doppelbotschaft: Der unbewusst-widersprüchliche Impuls »Erlöse mich, aber ich sorge dafür, dass es Dir nie gelingen wird!« liegt ihr zugrunde. Ich erwarte vom Partner, ausgesprochen oder unausgesprochen, dass er diese meine Wünsche befriedigt. Versucht er es aber wirklich, blocke ich ab oder bestrafe ihn gar.

Ursachen und Gründe dafür liegen in der eigenen Lebensgeschichte, dass nämlich mit diesen Seelenbedürfnissen in der einen oder anderen Weise in meiner Kindheit und Jugend schlecht umgegangen wurde – oder sie gar nicht erst vorkamen und mir in dieser Fremdheit Angst machen. Trotzdem ist natürlich die Sehnsucht danach vorhanden, meist sogar besonders stark. Ihre Erfüllung würde aber starke Ängste auslösen. Deshalb die *verrückt machende* Abwehr.

Die Anwendung dieser Übung befähigt zu einem gemeinsamen Arbeiten an der Beziehung, ohne in Anklagen, Projektionen oder Schulddelegation stecken zu bleiben.

Es wird deutlich, dass Ethik nicht nur eine Sache der Philosophie, der Theologie oder der Ideologie ist, sondern vor allem auch ein Problem der Psychologie. Und es ist die Überzeugung der Autoren, dass die reale Einbeziehung der menschlichen Psychodynamik das Unterfangen einer zu suchenden neuen Ethik sehr viel erfolgreicher gestaltet als bisherige Ansätze.

Weitere Übungen, die nicht so komplex, aber genauso einleuchtend sind:

Dich loben

Schreibe einen Brief an Deinen Partner und lobe ihn darin *ausdrücklich* für alles, was Dir an ihm lobenswert erscheint. Es soll sich dabei aber nicht um oberflächliche Komplimente oder bloße Höflichkeitsfloskeln handeln, sondern um tiefgreifendes Würdigen von Gesten, Zeichen, Handlungen und Eigenarten des Partners, seien sie auch noch so klein. Nimm Dir Zeit dafür, denn oft geht im Alltag das Lobenswerte am Partner unter in Hektik und Unachtsamkeit. Noch viel blockierender als Zeitmangel ist für eine wachsende Liebesdynamik die häufig vorhandene eigene Unfähigkeit, Scheu oder Scham, dem Partner gegenüber Lob so bewusst auszusprechen.

Lies dann den fertigen Brief Deinem Partner an einem dafür verabredeten Abend vor. Er soll diesen Brief nicht selbst lesen, sondern von Dir vorgelesen bekommen. Das ist wichtig im Sinn der Dialogverdichtung.

Noch wirksamer ist das Loben, wenn Du es öffentlich tust, also vor den Kindern oder im Kreis von Freunden oder Verwandten oder Kollegen, so dass die Anwesenden aufhorchen.

Einen Liebesbrief schreiben

In der Praxis habe ich Männer getroffen, die mit ihren über 50 und 60 Jahren noch keinen oder nur einen Liebesbrief in ihrem ganzen Leben geschrieben haben. In solchen Seelen muss eine emotionale Wüstenei und Blockierung sondergleichen herrschen. Davon sind sie aber nicht allein betroffen, sondern die Partnerin muss noch mehr unter diesem Mangel leiden. Die Kinder schließlich leiden am meisten, denn ihre zarten Seelen hungern extrem in der dürftigen Atmosphäre eines solchen Elternhauses.

Ein derartiger Liebesbrief soll wieder, wie oben, nicht Floskeln und leere Formeln beinhalten, sondern sich tiefgründig auf das Wesen des Partners beziehen, auf seine Seele, seinen Körper und seine Gedanken.

Dich würdigen

Dies ist eine Übung, die dem tantrischen Arbeiten entliehen ist. Dementsprechend ist ihr psychologisches Vorgehen. Menschliches Verhalten soll nicht als guter Vorsatz in die Tat umgesetzt werden und dabei meist unerfüllt bleiben, sondern durch *Praktizieren* erreicht werden.

Partner entwürdigen und demütigen sich im alltäglichen und krisenhaften Streit oft endlos. Als Kinder saugen wir die Menschenwürde durch die unbedingte Elternliebe erst in uns auf. Später als Erwachsene erfahren wir es so heilsam durch die Geliebte oder den Geliebten, dass wir für ihn bedeutend, liebenswert und achtenswert sind. So gewinnen wir das Gefühl eigener Würde. Das geht in den Verwundungen der Partnerkrise, in den Schmähungen der Wut und in den Zerstörungen des Streitens wieder verloren.

Jetzt soll die Würde wiedergefunden werden. Außerdem erfüllt diese Übung einen spirituellen Sinn: Die Partner üben, im Anderen trotz seiner Fehler und Schwächen das Göttliche Prinzip zu erkennen. Das Paar zeugt durch seine Liebe Leben, erfüllt die Welt mit Sinn und praktiziert damit Ethik.

Die Anleitung dazu:

Die Partner stellen, besser noch knien sich voreinander hin. Sie blicken sich erst eine Weile in die Augen. Dann falten sie die Hände wie betend. Jetzt beginnt der Erste, sich vor dem Anderen in einer Dauer von fünf Minuten ganz, ganz langsam zu verneigen, Millimeter für Millimeter, möglichst mit dem Kopf bis zur Erde. Dort ruht er 3 Minuten aus. Dann hebt er ebenso langsam seinen Kopf, bis er wieder völlig aufgerichtet ist und dem Partner erneut in die Augen blicken kann. Dann beginnt der Zweite, sich ebenso langsam nach unten zu verneigen, am Boden auszuruhen und sich wieder zu erheben. Beide blicken sich noch einmal in die Augen, schließen sie dann und spüren der inneren Wirkung nach. Die nächste Viertelstunde sollten beide getrennt und schweigend verbringen. Erst am Abend oder am nächsten Tag soll darüber geredet werden.

Meditation zu zweit
Die Taoisten glauben, dass die Betrachtung von etwas Schönem allein schon heilsam ist. Deshalb legten sie sehr viel Wert auf die bewusste Gestaltung ihrer Umwelt nach den Gesetzen der Natur und der Harmonie. Tatsächlich löst ja auch in uns das Betrachten einer leuchtenden Blüte, einer klaren Berglandschaft oder des tobenden Meeres, der Blick auf ein schlummerndes Baby oder die stille Harmonie eines Sommerabends, das Staunen vor dem nächtlichen Gestirn am endlosen Firmament so etwas wie Andacht, Ruhe, Glück und Sehnsucht gleichzeitig in uns aus. Es hat eine heilende Kraft, diese Wunder der Natur achtsam in sich aufzunehmen.

Die Anleitung dazu:

Die Partner suchen sich eine schöne Stelle im Garten, in der Natur, im Park oder wählen sich einen Kirschblütenzweig oder eine blühende Rose aus. Dann stellen sie sich gemeinsam davor und betrachten zehn Minuten lang schweigend diese Schönheit. Sie können dann weitergehen, bleiben aber noch für weitere 10 Minuten im Schweigen.

Im nächsten Teil der Übung nehmen die Partner jeweils einander zum Gegenstand der Betrachtung. Einstmals auf jeden Fall hat uns ja der Anblick des Partners gerade in höchstes Entzücken versetzt. So versenken sich die Beiden jetzt in gegenseitige Betrachtung, vom Kopf bis zu den Füßen. Sie lassen dabei Bilder vor ihrem inneren Auge entstehen aus ihrer gemeinsamen Paargeschichte, vom ersten Erblicken an über schöne Erinnerungen bis heute.

Dies mag auch abgewandelt im Rahmen eines besonders vorbereiteten Abends geschehen. Die Beiden beginnen, sich gegenseitig langsam und feierlich zu entkleiden. Dann treten sie einen Schritt zurück und beginnen mit der gegenseitigen Betrachtung. Zum Abschluss umarmen sie sich, lösen sich und gehen schlafen, ohne miteinander zu schlafen.

Ich offenbare Dir meine Widersprüche

Diese Übung gehört zweifellos wieder zu den tiefenpsychologischen. Und es bedarf wahrlich der Übung, seine eigenen Widersprüche überhaupt zu erkennen, denn meist sind sie, wie unsere Fehler und Schwächen, im Nebel der eigenen blinden Flecken verborgen. Deshalb sprechen wir ja auch mit C.G.Jung von dem *Schatten* eines Menschen. Dementsprechend schwer ist es, diesen ins Bewusstsein zu holen, ihn dann auch noch aufzudecken und letzten Endes dem Partner anzuvertrauen. Dagegen leistet jedes Individuum erst einmal automatisch Abwehr. Gerade auch in der Therapie kommt es zum Widerstand gegen so eine bewusste Aufdeckung, weil sie zugleich immer eine Bloßstellung bedeutet.

In der Zweierbeziehung geht es tatsächlich nicht nur um körperlich nackte Intimität, sondern auch um die Intimität der Seelen, die sie mitunter noch nackter erscheinen lässt. Und es ist ein großer Schritt zur Liebe, sich dem Partner auf diese Weise so verwundbar hinzugeben.

Die Anleitung dazu:

Ich schreibe Dir zunächst wieder auf, was ich an Widersprüchlichkeit und Zwiespalt, an Zerrissenheit und einander widerstrebenden Wünschen in mir trage. Dann lese ich Dir wieder vor.

Bedingung: Der Zuhörende darf solches Bekennen nicht für sich ausschlachten. Er darf es nicht dazu verwenden, nun endlich dessen Schuldeingeständnis zu erlangen, um ihn zur besseren Einsicht zu zwingen und kleinzukriegen. Etwa in dem Sinn: »Ich hab es Dir doch schon immer gesagt … Siehst Du, ich hatte doch Recht … Endlich gibst Du es mal zu …« usw.

Seelendialog

Diese Übung zeigte schon im Fall von Isabel und Ernst Erfolg. Alle Anweisungen sind bei dieser Aufgabenstellung wörtlich präzise zu beantworten, da die sonst erschütternde Wirkung des Seelendialogs durch blinde Flecken, durch Fremdheit und Unkenntnis verflacht oder verdreht wird.

Die Aufforderung ergeht an beide Partner, in einen Dialog mit der eigenen Seele zu treten. Dazu mag die Vorstellung helfen, dass die eigene Seele auf einem leeren Stuhl gegenüber sitzt. Die Aufgabe lautet nun, einen Brief mit einer Anrede an sie zu schreiben mit der Frage: *»Wie habe ich Dich, meine Seele, bisher in meinem Leben behandelt? Als lebenslanger Träger und Besitzer habe ich Verantwortung für Dich. Wie habe ich diese wahrgenommen?«*

Eine solche Aufforderung löst bei manchen ungläubiges Staunen oder Abneigung aus. Die meisten sehen zwar einen Sinn darin, dennoch empfinden viele eine Sperre, Unvermögen oder Peinlichkeit. Widerstände tauchen auf: »Das geht doch gar nicht, ich bin doch selbst meine Seele.« Oder noch extremer: »Seele, was soll das konkret sein?« »Das kann ich nicht, das habe ich noch nie getan.«

Einwände sind wohl ernst zu nehmen, legen aber vor allem Widerstand nahe. Diese Übung führt nämlich zu einer erstaunlichen Entdeckung, die auch ihre Sinnhaftigkeit erklärt:

Beim Lauschen auf diese *Seelendialoge* wird offenbar, dass der Umgang mit der eigenen Seele weitestgehend mit dem Verhalten gegenüber dem Liebespartner identisch ist. Oft können ganze Passagen wörtlich übernommen, oft müssen nur geringfügige Veränderungen der Wortwahl oder der Bedeutungen eingefügt werden. In der Unbeholfenheit, in der Unsicherheit und Unfähigkeit vieler, mit der eigenen Seele zu sprechen und in deren Tiefe zu sehen, wird blitzartig klar, wie ausgehungert, vernachlässigt und vertrocknet die Seelenberührung zum Partner sein muss. Auf eindrucksvolle Art wird fühlbar, dass jeder der Partner spätestens jetzt anfangen muss, seine Lebensführung zu überprüfen, seine Beziehung neu zu gestalten – mit mehr Tiefe, mit mehr Wahrheit. Die Analogie zwischen Paardynamik und eigener Seelendynamik ist atemberaubend.

Später malen Beide ein Bild der Seele des Partners, und in einem letzten Schritt versuchen sie, die Seele des Partners unmittelbar zu berühren.

Zur Streitkultur

Eine Beziehungsethik setzt zur praktischen Anwendung voraus, dass sie positive Zugewandtheit und kritisch-korrigierende Rückmeldung übt. Das mittelalterliche Ritterturnier war möglicherweise Ausdruck einer hoch entwickelten Streitkultur. Wichtiges Kennzeichen dafür: Es herrschten klare Regeln, die es auch dem Unterlegenen ermöglichten, sein Gesicht und seine Würde zu wahren. Gleiches trifft auf das Streiten der Liebenden zu. Hier gilt es ganz besonders, Regeln zu kennen und einzuhalten. Nur dann wird es den Konfliktparteien möglich sein, das Konstruktive der Auseinandersetzung herauszufiltern, statt in gegenseitige Zerstörung zu fallen.

Solche Regeln und Rituale sind rechtzeitig einzuüben,

damit sie im Krisenfall sinnvoll angewendet werden können – wie auf einem Segelschiff die Kommandos geübt werden müssen, um im Sturm schnell und sicher handeln zu können.

Übungen dazu

Meine Streitgeschichte

Auch hier soll ich durch Niederschreiben und in vielen Gesprächen mit dem Partner klären, welche Verformungen und Verwundungen ich selbst durch die Streitsituationen im Haus meiner Eltern, durch deren Streitmuster und Streitinstrumente davongetragen habe. Im Weiteren bespreche ich dann mit dem Partner, welche Folgen dieses *Erbe* heute für mich selbst wie auch für ihn zeitigt. Zu beantworten sind dabei folgende Fragen:

- Wie haben meine Eltern gestritten: untereinander und mit mir?
- Wie hat diese Art von Umgangsform mich geprägt, geformt und verletzt?
- Ich bekenne mich Dir gegenüber zu den dadurch entstandenen Wunden und Verformungen.
- Was tue ich Dir durch diese mitgebrachten *Altlasten* an?
- Wie schädige ich Dich (und mich) durch meine Art zu streiten?
- Ich bitte Dich dafür um Verzeihung.

Deine Kritik

Diese Übung trägt doppelten Sinn in sich. Die Aufgabe besteht darin, den Partner aus mir herauszubitten und aufzufordern, seine Kritik an mir aufzuschreiben. Auch dies setzt natürlich einen geeigneten Zeitpunkt voraus. Mehr aber noch die eigene Bereitschaft, ohne sofortige

Abwehr oder Verteidigung voller Aufmerksamkeit und Achtung seiner Meinung gegenüber diese Kritik dann anzuhören. Ich selbst bitte ihn in dem Wissen, dass er diese Aufgabe ebenfalls sehr ernst nimmt. Er will mir damit nicht schaden, sondern helfen, an mir zu arbeiten, damit ich die Beziehung verbessern kann.

Um die Übung innerlich zu begleiten, schreibe ich selbst in der Zwischenzeit meine Vermutungen darüber auf, was der Partner an Kritik oder Fehlern von mir benennen wird. Gleichzeitig lässt sich auf diese Weise ein Test durchführen, ob meine partnerschaftliche Kommunikation tatsächlich gut ist. Es kann dadurch noch eine vertiefte Auseinandersetzung über mein Selbstbild geführt werden.

Das Ziel dieser Übung ist einleuchtend: Die Kritik des Partners soll offen und bewusst abgerufen werden. So kommt sie nicht hinten herum, unterdrückt und dann überschießend oder im Streitgespräch als längst fälliger Überfall zu tage. Sie zeigt ihre Wirkung sozusagen unter kontrollierten Bedingungen.

Am Ende des Gesprächs danke ich dem Partner für seine Offenheit. Zu gegebener Zeit soll die Übung natürlich mit umgekehrten Vorzeichen wiederholt werden. Eine weitere Variante ist, dass ich meinen Partner bitte, ihm meine Kritik offen und ehrlich sagen zu dürfen – und dass ich mir später auch seine an mir anhören will.

Um Verzeihung bitten

Wieder geht es darum, sich mit freiwilligem Schuldeingeständnis, wichtiger noch mit Schuldeinsicht dem Partner zu offenbaren. Dabei sind auf keinen Fall das nebenbei gemurmelte »… tschuldigung« oder das übliche »Verzeihung« gemeint, sondern das vom Erkennen und Wissen getragene Ritual, das von Würde gekennzeichnet ist.

Gerade auch im wissenden Schuldeingestehen zeigt sich die Würde des Menschen. Fehlverhalten wird nicht feige geleugnet, selbstgerecht wegrationalisiert oder aggressiv dem Anderen angelastet und schon gar nicht durch eine Gegenanklage wie »Du hast doch auch …« heruntergespielt. Mag dies im öffentlichen Leben aus strategischen Gründen vorherrschen, so zerstört es doch in der Intimität der Zweierbeziehung die notwendige Vertrauensbasis.

Diese Übung erlangt auch wieder besonderes Gewicht durch die Briefform, um dann zu einer vorverabredeten Stunde dem Anderen vorgelesen zu werden. Die zentrale Formulierung darin soll aber ganz gewiss so heißen und nicht anders: »Ich bitte Dich um Verzeihung dafür, dass …«. Alle anderen Formulierungen würden ein Ausweichen vor dem Eigentlichen sein.

Der Partner soll ein solches Selbstbekenntnis mit Dank entgegennehmen. Es gehört nun nicht notwendig zum Ritual, dass postwendend Verzeihung ausgesprochen wird. Es mag sein, dass die zugefügte Verletzung so tief war, dass es nur geheuchelt wäre zu sagen: »Ja, ich verzeihe Dir.« Das wäre schlimmer als gar keine Worte. Statt dessen ist es möglich, darauf hinzuweisen, dass es noch Zeit braucht, wirklich verzeihen zu können, aber jetzt der Anfang dazu gemacht ist.

Seinem Feind etwas Gutes wünschen

Ohne Zweifel eine schwierige Übung. Eine Herausforderung, die wir hier aufgreifen. Der engagierte Krebsspezialist Simonton empfiehlt sie seinen vom Tode bedrohten Patienten als wirksames Therapeutikum zur Heilung (Auf dem Weg der Besserung, 2000).

Ich selbst habe sie bisher nicht wirklich geschafft. Aber es kommt auch nicht darauf an, alles zu können und besser zu machen, sondern auf dem Weg der Übung zu bleiben und nicht zu resignieren. Der Sinn dahinter leuchtet ein: Auch so etwas wie Friedfertigkeit kann nicht gefordert und abverlangt, sondern muss geübt werden.

Die Anleitung dazu:
Bitte, schließt die Augen und spürt zunächst in Euch hinein. Wie tief geht mein Atem? Wie nah bin ich mir selbst? Wie sehr bin ich in mir zu Hause – oder eben nicht? Wie ausgesöhnt bin ich mit mir selbst? Habe ich Frieden mit mir geschlossen?

Jetzt wendet Eure Aufmerksamkeit dem Menschen zu, der – auf jeden Fall für den Moment – Euer ärgster Feind ist. Die Aufgabe besteht nun darin, diesem Menschen aus vollem Herzen etwas Gutes zu wünschen!

Es wird nicht einfach sein. Es hat ein bisschen was mit Jesus oder Buddha zu tun – und wer von uns ist schon Jesus oder Buddha? Wem es allzu schwer fällt, der kann auch einen weniger schlimmen Feind wählen, einen Menschen also, dem er zwar böse ist, bei einiger Anstrengung aber doch etwas Gutes zukommen lassen kann.

Nehmt Euch innere Zeit dafür – spürt ruhig Euren Widerstand. Wer bei dieser Übung keine innere Abwehr spürt, der hat sich um den Kern der Übung herumgemogelt. Lasst diese Idee langsam, ganz langsam ankommen auf dem Grund Eurer Seele.

Und nach einigen Minuten: Prüft nun, was diese Möglichkeit, dem schlimmsten Feind auch noch Gutes zu wünschen, mit Euch selbst macht. Was für eine Eigendynamik setzt dadurch ein? Was geschieht in meiner Brust?

Zur Trennungskultur

Zu einer wirklichen Beziehungsethik gehört auch die Möglichkeit einer würdevollen Trennung. Wenn nach endlosen verletzenden Streitereien und zahlreichen erfolglosen Schlichtungsversuchen ein Paar zur Schlussfolgerung gelangt, nur eine Trennung könne einen Ausweg aus ihrer Konfliktsituation bieten, erscheint der Weg zum Scheidungsrichter als Hoffnung. Endlich wird der ersehnte innere Frieden erreichbar. Jahrelange Anspannung, Verzweiflung und Enttäuschung werden ein Ende haben. Die Erfahrung zeigt, dass dem in der Regel nicht so ist. Meist löst eine Scheidung oder Trennung die negative Verstrickung und Konfliktvernetzung, in der beide Partner gefangen sind, nicht auf. Kritik, Gewalt, Hassgefühle, Streitereien überdauern oft den Trennungstermin und verhindern das innere Loslassen vom früheren Partner. Dies aber ist Voraussetzung einer gelungenen Trennung.

Unsere Kultur bietet dafür keine Rituale an. Der Adler-Schüler Rudolf Dreikurs kritisierte um 1950 herum, als es bei uns noch strenger und *moralischer* zuging, dass unsere Gesellschaft die Jungverliebten zwar in die Ehe hineinfördert, den Sich-Trennenden aber nicht wieder heraus hilft. Einzelne Pastoren begehen neuerdings auch Trennungsrituale für die Paare, die am gleichen Ort, beim gleichen Pastor vor zehn Jahren etwa den Bund fürs Leben geschlossen hatten. In islamischen Ländern und bestimmten Regionen Afrikas gibt es genau vorgeschriebene Regeln, wie die Trennung zu verlaufen hat. Immerhin eine Hilfe, um nicht Scheidungskrieg und Trennungswahnsinn bis zum Mord und Selbstmord ausufern zu lassen.

In unserer Arbeit mit der *Paarsynthese* schlagen wir deshalb solch betroffenen Paaren als letztes Mittel den *»Weg der Inneren Scheidung«* vor.

Weg der Inneren Scheidung

Die *Innere Scheidung* meint den aktiven Prozess der gefühlsmäßigen Loslösung und seelischen Trennung vom Partner in einem vereinbarten Ritual, vor oder statt einer räumlichen oder juristischen Trennung. Auf diese Weise soll eine allerletzte Chance genutzt werden, sich als Getrennte zu prüfen, ob dieser Schritt not-wendig die richtige Lösung bringt. Dazu müssen die Spiralen von gegenseitigem Verletzen, Anschuldigen und Verteufeln unterbrochen und aufgelöst werden. Das Ziel ist es, das gemeinsame Band, das in der Zeit des Zusammenlebens gewoben wurde, wieder in zwei Einzelfäden aufzuteilen, ohne diese zu zerreißen. Dann stehen am Ende wieder zwei Einzelpersonen, wohl gezeichnet von den gemeinsamen Erfahrungen, doch wieder unabhängig und eigenständig. Hat das Paar Kinder, so bleibt die gemeinsame Elternschaft selbstverständlich bestehen. Doch gerade für diese Aufgabe ist die Klärung der Beziehung wesentlich, damit die ungelösten Konflikte und alten offen stehenden Rechnungen nicht auf dem Rücken der Kinder ausgetragen werden.

Dieser innere Weg der Trennung braucht seine Zeit. Manche Ehepartner durchlaufen diesen Prozess über Jahre innerlich, bevor ein endgültiger Schlussstrich unter die Beziehung gezogen wird. Bei anderen wird der Schritt zum Scheidungsanwalt überstürzt und im Streit getan, bevor beide Partner sich mit den emotionalen Auswirkungen einer Trennung auseinandergesetzt haben. Die vielen feinen, aber unsichtbaren Fäden der Beziehung, in jahrelangem Zusammenleben gesponnen, werden plötzlich und abrupt abgeschnitten. Eine wirkliche und innerlich befreiende Loslösung wird so nicht erreicht, eine gütliche Trennung nicht möglich. Lernen aus eigenen und gemeinsamen Fehlern wird dann ebenfalls verhindert.

Ein erfahrener Paartherapeut oder ein Trennungsberater sollte das Paar auf diesem Weg der *Inneren Scheidung* unterstützen. Zum Ritual dieser Trennungsarbeit gehören folgende fünf Schritte, die systematisch und in aller Ehrlichkeit zu durchlaufen sind:

1. **Ab sofort keine noch so leise Kritik am Anderen, Ende jedes Vorwurfs und keine Anklagen mehr!**
   Das Paar, das sich auf den Weg der *Inneren Scheidung* begibt, lernt, seine destruktiven Auseinandersetzungen zu vermeiden oder zu stoppen. Es nützt nichts, immer wiederkehrende Vorwürfe noch und noch zu wiederholen. Den Partner, von dem man sich ja trennen möchte, weiterhin zu kontrollieren, ihn bei Fehlern zu ertappen und ihm seine Verletzungen vorzuhalten, ist unsinnig.
   Hilfreich ist es, die aufgestauten Gefühle von Wut, Hass, Enttäuschung, Angst und Schuld nicht zu ignorieren, sondern Wege zu finden, sie auszudrücken. Ein Gefühlstagebuch, eine Unterstützung durch gute, neutrale Freunde, Freundinnen oder Bekannte, das Aufsuchen einer geeigneten Beratungsstelle können über die Zeit hinweg helfen. Vor Gesprächspartnern, die die Partner eher gegeneinander aufstacheln, Partei ergreifen und dadurch den Streit weiterhin schüren, sei jedoch gewarnt.
   Auch und besonders zum Wohl der Kinder und zur Erfüllung der gemeinsamen Elternpflicht ist ein kontrollierter, »neutralisierter« Umgang notwendig. Die Beendigung des offenen Streites ermöglicht ein adäquates Funktionieren des Familiensystems, führt zur Beruhigung der innerfamiliären Atmosphäre und erlaubt den Eltern, sich auf anstehende Absprachen und praktische Lösungen zu konzentrieren.

2. Suche nach eigenen Fehlern und Bitte um Verzeihung

Dieser Schritt erfordert, endlich damit aufzuhören, die Fehler nur beim Anderen zu suchen, sondern offen und ehrlich Bilanz zu ziehen und das eigene Verhalten kritisch zu überprüfen: Wann habe ich unfair gehandelt? Wo war ich unehrlich oder verschlossen? Was habe ich meinem Partner vorenthalten? Wo habe ich meine Liebe zurückgehalten? Wie oft habe ich auf eine Geste des Partners gewartet, ohne meinerseits einen Schritt auf ihn zu zu machen? In welchen Punkten war ich stur, uneinsichtig, unflexibel? Wie habe ich meinen Partner für meine Zwecke missbraucht? Wann habe ich zuletzt ein liebes Wort gesagt, eine Geste aus dem Herzen heraus gemacht, eine zärtliche Zuneigung ausgedrückt, ein unterstützendes Kompliment zugeflüstert …?

Erst diese Innenschau ermöglicht die Ablösung vom Partner und die Verantwortungsübernahme für eigene Anteile am Misslingen der Beziehung: Wenn zwei sich streiten, ist niemals nur einer schuld. Dieser Schritt zeigt, ob jemand überhaupt zur gütlichen Trennung bereit ist oder ob er den Partner dazu missbraucht, sich vor dem Eingestehen eigener Unzulänglichkeiten und Fehler zu drücken.

Das Steckenbleiben in Anklage, Schuldzuweisung, Hass, Kritik und Wut verhindert, mit eigenen Gefühlen wie Trauer, Einsamkeit, Enttäuschung, Scham in Berührung zu kommen, also Trauer- und Ablösungsarbeit zu leisten. Die einen verharren also im Zorn, andere dagegen in selbstzerstörerischen Gefühlen. Sie unterbinden ebenso das Abschiednehmen vom Partner.

Die Ethik dieses Schrittes liegt in der Umkehrung des Zerstörungspotentials: Statt Krieg zu führen, die eigene

Schuld einzugestehen und die Gegenseite einsichtsvoll um Verzeihung zu bitten. Gerade auch dann, wenn der Partner noch gar nicht verzeihen kann, ist dies ein großer Schritt der Entlastung. Es gehört sehr viel Mut zu diesem Schritt. Er kostet sehr viel Selbstüberwindung. Aber er lohnt sich, auch wenn der verletzte Partner aus der Kränkung heraus oft erst nach Jahren positiv darauf reagieren kann.

3. Gebot: Lernen durch Dich

In Beziehung leben heißt ständiges Dazulernen. Lernen von einem Partner, der natürlich gute und schlechte Seiten hatte und hat. Ich selbst hatte ihn einmal – unbewusst – ausgewählt, um gerade auch durch seine Fehler zu lernen und zu wachsen. Erfahrungen für das Leben finden auch in einer schlechten Beziehung statt: Was konnte ich durch Dich über mich erfahren? Über meine Art, Partner zu sein? Über meinen Umgang mit Konflikten? Zu welchen Einsichten hat unsere Liebe, aber auch unser Scheitern beigetragen? Welche inneren Wachstumsprozesse wurden durch die Auseinandersetzung mit Dir angestoßen?

Diese Lernerfahrungen anzunehmen heißt, eigene Beschränkung aufzugeben und seine Persönlichkeit zu erweitern, statt beim Scheitern stehen zu bleiben. Statt im Gefühl der Leere, des Verlustes und der Sinnlosigkeit zu verharren, wird der Blick auf meinen eigenen inneren Entwicklungsprozess gelenkt.

4. Dank für die gemeinsame Zeit

Trotz aller Verletzungen, Enttäuschungen und Ungerechtigkeiten gibt es in jeder Partnerschaft Zeiten intensiven Austausches, emotionaler Verbundenheit, gegenseitiger Ergänzung und Unterstützung. Dafür gilt es zu danken. Dieser Schritt lenkt von der Negativ-Betonung ab und öffnet den Blick für das Ganze. Auch wenn sich das Zusammenleben letztendlich als unerträglich zeigte, haben sich die meisten Trennungspaare doch nicht grundlegend in ihrer Partnerwahl getäuscht: Die notwendige Reibung aneinander hat auch Entwicklungs- und Widerstandskräfte mobilisiert, die dem eigenen Wachstum dienten. Freilich sind sicher auch vorhandene Potentiale und seelische Schätze brach liegen geblieben oder gar versenkt worden. Für das eine gilt es zu danken, um das andere gilt es zu trauern. Zu danken für das Empfangene, statt über das Verlorene zu klagen – auch das fällt den meisten von uns schwer.

5. Zukunftsperspektiven und Regeln aushandeln

Nachdem die emotionalen Bindungen von Kritik, Abhängigkeiten und Schuldgefühlen abgegrenzt sind, müssen auch sachliche Aspekte der Trennung in den Vordergrund treten und möglichst störungsfrei ausgehandelt werden. Die für alle Beteiligten »beste« Lösung kann nur dann erreicht werden, wenn Rachegefühle, Eifersucht, Missgunst, Hass oder Überempfindlichkeit dies nicht behindern.

Der »Weg der Inneren Scheidung« muss nicht notgedrungen zum Scheidungsrichter führen. Er kann es Paaren erlauben, der Kinder wegen oder aus professionellen oder wirtschaftlichen Verpflichtungen weiterhin als Familie unter einem Dach zusammenzuleben, nur in größerer Unabhängigkeit voneinander. Manchmal erwächst aus der größeren Distanz heraus eine neue Anziehung, die im Laufe der Jahre durch die vielen Streitereien verloren gegangen war.

Zusammenfassung

Aus diesen Übungen, Anleitungen und Regeln wird ersichtlich, dass sie immer einen Lernprozess und damit einen Entwicklungsschritt hin zu einer weiteren Stufe von menschlichem Verstehen und Einsehen beinhalten. Es handelt sich auf diesem Weg zu einer Beziehungsethik mehr um *Entwicklungsarbeit* als um Psychotherapie. Uns Autoren liegt daran, diesen Unterschied deutlich zu machen, denn selbstverständlich können und brauchen nicht alle Menschen eine Psychotherapie, um zu ethisch wertvollen Menschen zu werden. Die Paar-Psychotherapie stellt hier nur einen breiten Erfahrungsschatz zur Verfügung, der gewachsen ist aus dem detaillierten und fast mikroskopisch genauen Erarbeiten menschlicher Wertvorstellungen im Prozess der liebenden Auseinandersetzung.

Unerlässlich für eine solch fundierte Beziehungskultur scheint allerdings die Zugrundelegung psychologischer Dynamik und Regelhaftigkeit des menschlichen Erlebens. Alle anderen Versuche, die ohne Einbindung der Psyche auskommen wollen, arten irgendwann aus in Entfremdung, in sinnlose Rituale und Zwang bis hin zur Meinungsunterdrückung und Diktatur.

Als Autoren sind wir davon ausgegangen, dass die Dynamik zwischen Liebenden, aber auch zwischen Eltern und Kindern per se diese menschlichste aller Psychologien leibhaft verkörpert. Damit wird sie Ausgangspunkt für ein »Lernmodell Liebe«, das in sich ethisches Handeln verwirklicht. Deshalb könnte Liebe auch als Leitmotiv (statt Leitkultur) für gesellschaftliche Entwicklung und persönliche Entfaltung dienen. Die Ethik, die die Liebenden in ihrer Beziehung gemeinsam erarbeiten, soll zu einer ethischen Neubegründung sozialer und politischer

Gemeinschaften dienen. Unser Ziel dieser neuen Beziehungsethik spiegelt sich wieder in dem Leitsatz der *Paarsynthese*:

Liebe ist der Sinn,
Dialog der Weg,
Würde das Prinzip.

Utopie, Vision, Projekt: Experiment für Friedfertigkeit

Einladung zum Streiten und Versöhnen

Eine Einladung zum »Streiten und Versöhnen« – solch eine Einladung wird eher selten ausgesprochen. Doch schon im Paradies hat sich das völlige Fehlen einer Streitkultur zwischen Adam und Eva als Katastrophe erwiesen. An deren Altlast und ihren Ahnenbotschaften tragen wir heute noch. Nicht auszudenken, was geschehen wäre, hätten die Beiden damals ihren Konflikt untereinander und mit dem lieben Gott konstruktiv gelöst. Selbst ihre Kinder haben auch nichts daran aufgearbeitet, im Gegenteil: Kain erschlug den Abel (1. Buch Mose).

Und heute: Zu Beginn des 3. Jahrtausends sind infolge der weltweiten Globalisierung viele Gesellschaften dieser Erde einer großen Existenz- und Entwicklungskrise ausgesetzt – von den noch existierenden Steinzeitkulturen bis zur dynamisch postmodernen Kultur. Im Jahr 2001 unserer Zeitrechnung wurden überdies mehr Kriege als je zuvor in einem Jahr auf Erden geführt.

Eine kurze *Besinnung* zum Thema »Streiten und Versöhnen« tut daher gut: In was für einer Umgebung und Kultur und zeitgeschichtlichen Tendenz sind wir, bin ich geformt, erzogen und ausgerichtet? Auf Streiten oder Versöhnen? Bin ich selbst auf diese Weise ein friedfertiger Mensch geworden? Übernehme ich Verantwortung für Frieden:

- in mir
- bei Dir
- in der Welt?

Diese Einladung geht also nicht nur an mich und uns als Paar, erstreckt sich nicht nur auf die Dyade. Es ist dies auch eine Einladung zur Mitarbeit und Mitgestaltung für mehr Friedfertigkeit in unserer Gesellschaft.

Als Autoren haben wir das erklärte Ziel, über den intimen Raum des Paares hinaus in die Öffentlichkeit zu wirken. Wir lassen uns dabei leiten von der These: Im Teil ist immer das Ganze und umgekehrt: Im Ganzen ist immer das Teil enthalten. (Gadamer, Grundzüge einer philosophischen Hermeneutik, in: Wahrheit und Methode, 1960)

Ausgangspunkt aller ethischen Überlegungen ist das Wohl aller Menschen. Menschen – Frauen wie Männer – fühlen sich dort am wohlsten, wo sie lieben und geliebt werden. Wir haben aufgezeigt, dass im Dialog der intimen Beziehung – fühlend und denkend – menschliche Werte entstehen und vertieft werden. Je intimer die Beziehung, desto stärker das ethische Verantwortungsgefühl der in Liebe Verbundenen.

So gehen wir aus vom kleinsten sozialen Subsystem hin zum größten, vom Mikrokosmos zum Makrokosmos, vom Paar zur Gesellschaft.

Zur Notwendigkeit einer Streitkultur

Streit in seinen verschiedensten Formen ist Suche nach Veränderung im polaren Gefüge der (Zweier-)Beziehung. Er stellt eine Form organismischer Selbst- und Systemregulierung zur stetigen Weiterentwicklung dar, in der sich die Gegenpole fortwährend anziehen und abstoßen. So dient Streit in der not-wendigen Gegenbewegung zur Verschmelzungstendenz der Liebendenden gerade der Erhaltung und Entfaltung der Partnerschaft.

Ein wichtiges, doch auch verwirrendes Merkmal der Streitdynamik vieler Paare sei vorangestellt: Hören wir nämlich beiden Partnern eine Weile lang aufmerksam zu, zeigt sich meist, dass beide Recht haben.

Wer aber von uns hat gelernt, konstruktiv einen Streit zu lösen, in dem beide Seiten ihr gutes Recht haben? Wie werden wir beiden gerecht? Dafür wirksame und sinnreiche Lösungsregeln zu finden ist um so wichtiger, als sich diese Dynamik auch auf andere soziale Beziehungen und Konfliktherde größeren Ausmaßes übertragen lässt, sei es auf den Schulhof, auf Betriebe, auf politische Parteien und auch auf verschiedene Völker.

Wilhelm Heitmeyer vom »Institut für interdisziplinäre Konflikt- und Gewaltforschung« der Universität Bielefeld analysiert in seinen Bänden: »Was hält die Gesellschaft zusammen?« und »Was treibt die Gesellschaft auseinander?« (1997), dass »Anomie und Desintegration zu Schlüsselbegriffen zukünftiger gesellschaftlicher Entwicklungen avancieren werden« und dass »weitreichende individuelle, soziale und politische Beeinträchtigungen und Beschädigungen auf die Tagesordnung gesetzt werden«. Er zeigt auf, wie der gesellschaftliche Kitt bröckelt, z.B. durch rapide steigende Unternehmergewinne auf der einen und die ebenso wachsende Sozialhilfeabhängigkeit auf der anderen Seite. Der 100 Jahre zuvor von Emile Durkheim geprägte Begriff des Gemeinwohls als Ziel einer allgemein angestrebten Konsensgesellschaft hat heute seine Bedeutung praktisch verloren. Ethnische, religiöse, wirtschaftliche und politische Gruppierungen im Multi-Kulti-Staat nehmen nur noch Eigeninteressen wahr.

Heitmeyer schreibt weiter: »Das Bedrohliche an diesen Krisenerscheinungen ist die Zunahme von politischen, individuellen und sozialen Zerstörungen, die angesichts des Wandlungsdrucks irreparabel werden, mithin die Gewalt- und Aggressionsraten in unkalkulierbaren Schüben vergrößern lassen könnten.«

Hier soll kein Weltuntergangszenario gezeichnet werden. Vielmehr geht es darum, vorausschauende Lösungen und liebevolle Weltgestaltung für die sich rasant verändernden Lebensbedingungen zu finden – sowohl im Makrokosmos des Globus als auch im Mikrokosmos menschlicher Beziehungen. Eugen Drewermann spricht deshalb davon, dass wir »dramatische und radikale Veränderungen der bisherigen Ethik« brauchen.

Die Entwicklung einer Streitkultur, die letzten Endes zu größerer Friedfertigkeit führen soll, ist folgerichtig wesentlicher Teil einer erfüllten Liebeskultur, die Menschen ethisch handeln lässt.

Theorie zur Streitkultur

Streit ist allen beseelten Wesen eigen, im privaten Umfeld ebenso wie im professionellen und politischen. Die vielfältigen Formen und folgenreichen Auswirkungen von Streit hat jeder von uns schon am eigenen Leib verspürt.

Hinter der scheinbar chaotischen Fülle von Streitauswüchsen und Streitformen gibt es aber – und das lässt aufhorchen – eine doch regelhafte und systematisch zu beobachtende Gesetzmäßigkeit. Diese ist uns kaum vertraut, weil wir uns scheuen, den Gesetzmäßigkeiten eigenen Streitens auf die Spur zu kommen. Dabei wäre es von eminenter Bedeutung, Fragen wie etwa die folgenden zu klären:

- Welches sind die Hauptmotive, die meinen Streitereien zugrunde liegen?
- Wie, warum und wann wandelt sich meine Angst in Aggression?
- Wie lässt sich die Regelhaftigkeit meines Streitverhaltens beschreiben?
- Wie kann ich den Streitverlauf besser aussteuern? Habe ich überhaupt Steuerungsinstrumente dafür?
- Welche Beziehungsmuster gibt es zwischen meinen Streitpartnern und mir außer der allseits bekannten Opfer-Täter-Beziehung?
- Warum fehlt mir überhaupt eine Streitkultur?

Statt solchen Fragen nachzugehen, die genauso für die politische Kultur gelten, haben wir selbst in unserem hochzivilisierten Abendland eine nahezu steinzeitliche Streitpraxis. Wir leben immer noch in einer kindlich-animistischen Kultur, die das Böse einfach nach außen projiziert und den selbstkritischen Dialog kaum kennt: Die anderen bilden immer die Achse des Bösen; der politische Gegner wird zum Verbrecher erklärt. In dieser Unkultur des Streitens wird im politischen wie im privaten Leben – hört man den streitenden Partnern aufmerksam zu – stets aus vermeintlicher Selbstverteidigung heraus gestritten.

Hier wie dort müssen ähnliche Ursachen für solches Streitverhalten, Aggression und Kriegsführung angenommen werden. Für Streit mag es viele Gründe geben und noch mehr verschiedene Anlässe, aber dahinter verborgen liegen in der Regel einige wenige Hauptmotive:

- Angst um das Gleichgewicht im Revier, das es mit dem Partner zu teilen gilt, bzw. gegenseitige Blockierung darin (Angst um das eigene Revier).

- Angst, selbst verletzt, bloßgestellt oder abgelehnt zu werden (Angst vor Bedrohung der eigenen Identität).
- Angst, nicht bestehen zu können, fehlerhaft zu sein und deshalb jemanden oder etwas zu verlieren (Angst vor Verlust).
- Angst, keine Liebe zu finden (Angst vor Isolation).
- die Mühen, immer neue Veränderung im Fluss des Lebens bewältigen zu müssen (Angst vor Veränderung).

Es fällt auf, dass das Hauptmotiv zum Streit letztendlich, auf seinen Kern zurückgeführt, immer Angst ist – und zwar die Angst vor Mitmenschen und Bezugspersonen. Dazu gibt es natürlich die überschießende Gegenreaktion. Die gilt besonders für Menschen, die in Politik, Wirtschaft und Kriminalität nach immer mehr Macht und Überlegenheit, nach Geld und Vorteil streben. Dies gilt aber ebenso für Menschen, die immer Recht haben müssen, nie unterliegen dürfen, keine Fehler zugeben können und lieber alles zerstören, als dass sie nachgeben. Eigene Minderwertigkeitsgefühle werden durch Imponiergehabe kompensiert. Hinter diesem Zwang, sich auf jeden Fall – oft erbarmungslos – durchsetzen zu müssen, liegt die zutiefst neurotische Angst verborgen, von anderen Menschen nicht ernst genommen, nicht um seiner selbst willen geliebt zu werden. Vielen fehlt das Urvertrauen, dass andere Menschen bereit sein könnten, den eigenen seelischen Hunger zu stillen. Ihre Angst schlägt dann in Aggression um. Noch schlimmer: Um die eigene Angst nicht selbst spüren zu müssen, wird sie durch übermäßige Aggression im Vorhinein verdrängt.

Andererseits unterlassen viele Menschen Streit einzig und allein deshalb, weil sie Angst davor haben, zu unterliegen, bloßgestellt zu werden, oder weil sie den Zorn des Anderen fürchten. Fehlende Aggressionsbereitschaft deutet demnach eher auf ein geschwächtes Ich, mit hoher Bereitschaft zur Selbstaufgabe und Anpassung. Allerdings: Besonders auch und gerade diejenigen, die – bewusst oder unbewusst – Streit permanent zu vermeiden suchen, sind paradoxerweise oft mehr daran beteiligt als die aktiv Streitenden. Viele machen dabei aus ihrem Harmoniestreben geradezu eine Philosophie. Sie sehen Harmonie als notwendige Voraussetzung, um Liebe entfalten zu können, um den Kindern Sicherheit zu geben usw.

Wer viel Streit erleidet oder verursacht – dabei liegt das selbe Motiv zugrunde – hat starke Probleme mit seinem Selbstwertgefühl. Er leidet unter einer narzisstischen Kränkung, erträgt infolgedessen keine Kritik, fühlt sich häufig bedroht oder angegriffen. Er muss sich immerzu schützen und hat Angst, sich zu seinen eigenen Fehlern zu bekennen.

Eine weitere Erkenntnis dazu ist, dass immer dann ein Paar sich endlos und am heftigsten streitet, wenn beide im Grunde das selbe Problem haben. Gemeint ist damit, dass viele Paare sich jahrelang in allem bekriegen, weil sie den Partner für einen Fehler bekämpfen, den sie selbst auch in sich haben. Mögen sie noch so verschieden auftreten, haben sie sich doch gegenseitig gewählt, um genau diesen ihren gemeinsamen *Substanzkonflikt* zu lösen. Daraus lässt sich logisch ableiten, dass auch beide »Schuld« haben an der Krise.

Die größte Angst haben Menschen also vor anderen Menschen. Andererseits gelingt wirkliche Menschwerdung nur durch immer wieder neue, vor allem selbstkritische Beziehungsklärung. Und siehe da, Menschen werden umso menschlicher, je besser ihnen Beziehungsklärung gelingt, je kompetenter und fähiger sie darin sind.

Eine solche Kompetenz hängt ganz entscheidend davon

ab, wieweit es den Partnern gelingt, in diesen ständigen Prozessen von Beziehungsklärung die widersprüchlichen Pole von ersehnter Harmonie und notwendigem Streit zu verbinden und anzuwenden. Das wirkliche Leben und Lieben zeigt, dass es auf keinen Fall genügt, nur auf einem Pol zu Hause zu sein. Schon die alten Griechen haben sich diese Frage gestellt, was denn der Vater aller Dinge sei, Frieden oder Krieg. Die Antwort muss lauten, dass beide zu einem gesunden Leben nötig sind.

Thesen einer Streitkultur

- Jede Streitdynamik gründet immer auf Übertragung und Gegenübertragung. Das gilt für Paare ebenso wie für Politiker. Alte Muster (von Destruktion) aus der Herkunftsfamilie wirken in die Jetzt-Beziehung hinein, sofern sie nicht bewusst aufgearbeitet wurden. Die aus der eigenen Geschichte auf den Partner übertragenen Anteile lösen dann bei diesem die Gegenübertragung aus. Durch mein Verhalten fördere ich in dir, was schon vorhanden ist – du verstärkst in mir, was ich mitgebracht habe – Negatives ebenso wie Positives.
- Streit dient ganz wesentlich dazu, eigene seelische Verletzungen aufzuarbeiten. Neues Verhalten und sinnhafte Veränderungen für eine kompetente Beziehungsgestaltung können dabei eingeübt und erlernt werden. Ohne Streitpartner würde die Notwendigkeit dazu gar nicht eingesehen. Streit kann somit seelische Entfaltung fördern, die allein nicht möglich wäre.
- Grundfrage jeder Streitkultur – so sie den Namen verdient – muss daher sein: Was ist das Ziel unseres Streitens? Wozu streite ich mit Dir? In einem gemeinsamen Revier – sei es Ehe, Familie, Gruppe, Länder, Konti-

nente oder Kosmos – müssen letztendlich gemeinsame Lösungen gefunden werden. Hier hat George R. Bach mit seinem Ansatz des »Fair fight for change« Meilensteine einer Streitkultur vorgelegt.

- Basis jeder Streitkultur – so sie den Namen verdient – muss daher sein, die Würde des Gegenüber zu achten, wie auch die eigene Würde gewahrt bleiben soll.
- Ziel jeder Streitkultur – so sie den Namen verdient – muss daher sein: Die Kraft der Aggression, der Wut und des Zorns zu nutzen, die der Zerstörung aber herauszunehmen. Aufgabe der Paarsynthese ist daher, statt blinder Durchsetzungsenergie verbindende Resonanzenergie herzustellen.

Um tiefe Entfaltung von Liebe und sinnerfüllende Beziehung aufzubauen, bedarf es dabei vielfacher Steuerungsinstrumente. Und solche Instrumente sind dann letzten Endes die Fähigkeiten unserer Seele, die eigenen Ängste als die wahre Quelle vieler Streitigkeiten zu überwinden.

Die Steuerungsinstrumente für Streit

Die so genannten *Partnerstile* mit den dazugehörigen *Partnerstrategien* sind neben den Dialogsäulen die entscheidenden Steuerungsinstrumente der Paarsynthese. Sie erklären plausibel, wie Partner je nach ihrem Partnerstil mit der eigenen Angst umgehen und auf welche Art sie streiten. Oft ist es entscheidender, *wie* die Partner streiten und nicht, um *was* sie streiten. Die Konfliktlösung ist ebenso abhängig von der Form wie vom Inhalt des Streites.

Die Arbeitshypothese der Paarsynthese ist nun, dass notwendiger und sinnvoller Streit – wie jedes menschliche

Sozialverhalten – der Übung bedarf. Es geht um Einübung in diese Partnerstile, nämlich Anpassung, Durchsetzung, Planung, Intuition und deren Integration im fünften Partnerstil. Sie werden allesamt für eine konstruktive Lösung, je nach Konfliktlage wechselnd, in jeder Beziehungs- und Liebesgestaltung notwendig gebraucht.

Dem liegt der Gedanke zugrunde, dass in der Liebe und im Streit gleichermaßen heftige Energien, sprich Gefühlsimpulse, Strebungen, Leidenschaften und Sehnsüchte teils eruptiv freigesetzt werden. Diese bedürfen der Aussteuerung und der Kanalisierung statt wahllos über die Ufer zu treten, Dämme zu brechen und Überschwemmung zu erzeugen.

Verständlich wird dies Bild vielleicht an der Entwicklung von Kindern und Pubertierenden: Diese müssen durch Erziehung mühsam lernen und üben, die oft heftig überflutenden Gefühlsausbrüche, sei es Kummer, Trauer, Schmerz oder Zorn, Wünsche oder Bedürfnisse allmählich in sozial verträgliche Impulse umzusetzen. Ein solches Einüben bleibt aber lebenslange Aufgabe.

Im Folgenden sei jeder Partnerstil mit seiner für ihn typischen *Angstbewältigungsstrategie* vorgestellt:

– Der immer ängstliche und auf Harmonie bedachte **Anpasser** vermeidet um jeden Preis, sich im Streit direkt durchzusetzen. Er fürchtet es, offene Aggression zu zeigen. Er versucht stattdessen unauffällig, im Geheimen sozusagen, oft ihm selbst gar nicht bewusst, durch Manipulation das notwendige Ziel seiner Revierverteidigung zu erreichen. Er selbst fühlt sich und wirkt auf andere immer als Opfer. Und doch weiß jeder Therapeut ein Lied zu singen von der letztendlich depressiv anmutenden, auf Dauer aber mächtigen Dulderhaltung. (**Manipulation**)

- Der von sich überzeugte und raumgreifende **Durchsetzer** bewältigt seine eigene Angst am Besten durch Selbstbehauptung nach dem Motto: Angriff ist die beste Verteidigung. Er projiziert blindlings alle Schuld auf den Anderen. Sich selbst wird er zuletzt in Frage stellen. Jedes Argument entkräftet er durch ein Gegenargument. Weint der Andere oder schreit er verzweifelt in seiner Hilflosigkeit gegen dessen undurchdringliche Abwehr, wirft der Durchsetzer ihm auch das noch vor. Für Außenstehende und den Partner wirkt er in seiner heftigen Dynamik und offenen Aggression meist als Täter. (**Projektion**)
- Der kontrollierte und jede Gefühlsüberschwemmung vermeidende **Planer** schützt – in seiner Angst vor dem Meer der Gefühle – seine Seele mit einer kaum zu überwindenden Mauer. Er delegiert alle Emotionalität an den Partner und zieht sich auf sachliche Lösungen zurück. So behält er in jeder Argumentation scheinbar die Oberhand. In der krisenhaften Auseinandersetzung wirkt er meist erstarrt und völlig unzugänglich. Ein solch typischer Fall war der Mann, der zu Beginn einer gemeinsamen Paartherapie an seine Frau schreibt: »Lass uns, um unsere Probleme zu lösen, auf alle Gefühle verzichten und rein sachliche Lösungen suchen!« Der Frau schossen beim Lesen dieser ersten Briefzeilen sofort die Tränen in die Augen, weil es ihr genau an den Gefühlen ihres Mannes so sehr mangelte. Er aber wollte gleich die Sitzung bzw. die gerade begonnene Therapie abbrechen. (**Delegation**)
- Der immer übersprudelnde und gefühlsoffene **Intuitive** dagegen bietet sein Herz und seine Seele freizügig an. So überwindet er seine Angst, nicht geliebt zu werden. Er kann gar nicht anders. Er spürt auch beim Anderen sofort jede kleinste Regung und weint aus Mitge-

fühl oft mit. Er ist für jede Regung offen. Dadurch ist er aber selbst so verletzlich, sensibel und feinfühlig, dass er bei Streit sofort in Rückzug geht. Er macht einfach die Klappe zu, geht in die Verweigerung, um sich im nächsten Moment wieder auf den Anderen zu stürzen, schwankt zwischen himmelhoch jauchzend und zu Tode betrübt. Er wirkt schließlich, auch auf sich selbst, chaotisch. Typische Fälle dafür sind die Frau, die bei sexueller Forderung sofort in die Verweigerung geht, und der Mann, der bei Streit auf dem Stuhl sitzend einschläft. (**Reaktanz**)

Die Praxis der Streitkultur

Es bedarf des Mutes zu streiten. Wir Menschen wachsen daran ebenso wie durch die Liebe. Der Mut dazu wächst aber stetig mit der Übung. Zu streiten auf eine Weise, die geplant, nützlich, konstruktiv, zielorientiert und sinnvoll ist, erscheint uns allerdings eher paradox, aber das ändert nichts an der Notwendigkeit. Es handelt sich dabei um ein altbekanntes menschliches Phänomen, das Psychologen als kognitive Dissonanz bezeichnen, das aber schon von Euripides in die einprägsamen Worte gefasst war: »Wir wissen das Gute, aber wir tun es nicht.«

Und doch ist es möglich.

Wir sehen den Weg zu einer Streitkultur nicht in guten Ratschlägen, idealen Zielen und neuen Erkenntnissen, sondern vielmehr in der täglichen Übung, in der *Praxis*, wie die Buddhisten es nennen. Dazu brauchen wir Rituale und Anleitungen, die die Paare – und wir alle – zu Hause täglich üben und dann anwenden. Es ist also ein Training und nicht der gute Wille, der uns zu einer sich gegenseitig würdigenden Beziehung führt.

Um diesen Weg zu einer Streitkultur leichter gangbar zu machen, haben wir ein spezielles Experiment entwickelt.

Das »Experiment für Friedfertigkeit«

Zunächst war es gedacht für Paare in Einzel- und Gruppentherapie und als *Hausaufgabe* zur wöchentlichen Anwendung. Inzwischen gehört es zum festen Bestandteil der so genannten *Streitkultur* in der Paarsynthese. Die nächste Station war dann, dies Experiment auf die Mitglieder unserer *Deutschen Gesellschaft für Integrative Paartherapie und Paarsynthese (GIPP e.V.)* zu übertragen. Im nächsten Schritt wurde es zu einem Baustein der Lehrweiterbildung für unsere Paartherapeuten. Weiterhin soll es beispielsweise im jährlich stattfindenden Sommercamp der GIPP in Falster seinen Platz finden. Außerdem wurde es an befreundete Netzwerkgruppen geschickt und an mehrere Zeitschriften. Eine Auswertung steht noch aus.

Zum Ausgangspunkt dieses Experiments
Die Paarsynthese schlägt für die Arbeit mit der Liebes- und Konfliktdynamik des Paares einen *dreifachen Weg* vor: tiefenpsychologische Konfliktarbeit, Dialogerweiterung und spirituelle Tiefung. Die zugrunde liegenden Thesen sind:

- *Tiefenpsychologische Konfliktarbeit* geht von der Annahme aus, dass jeder kräftezehrende Streit mit dem Partner die veräußerte Form des inneren Widerstreits der eigenen Gefühle, der Konflikthaftigkeit in mir selbst ist. Denn – so die psychologische Gesetzmäßigkeit – eine *Liebesbeziehung* bedeutet immer die Reaktivierung aller menschlichen Urbedürfnisse, wie wir sie aus der *Kindheit* kennen. Es wäre ein folgenschweres Missverstehen, diese im psychoanalytischen Sinn als Regression zu definieren und zu diagnostizieren. Die zweite derartige lebensgeschichtliche Reaktivierung ist dann das Erleben von *Elternschaft*. Männer verspüren diese allerdings nicht so existentiell am eigenen Leib, was letztlich wieder zu häufigen Krisen zwischen den Partnern führt. Die dritte und letzte Reaktivierung schließlich ist das *Sterben*. Hier nimmt die Konflikt- und Krisenrate allerdings naturgemäß radikal ab.

- Das Bemühen um *Dialogerweiterung* geht davon aus, dass im Hier und Jetzt der Paardynamik die Reichhaltigkeit und Fertigkeit, den Dialog vielfältig und intensiv zu gestalten, über die Güte und Qualität der Beziehung mit entscheidet. Dieser Prozess kann wie der Erwerb von Fremdsprachen auf dem Weg von Lernen und Einüben verstanden werden. Die so entstehende Dialogkompetenz erweitert nicht nur die kommunikativen Fähigkeiten, sondern erweitert den geistigen Horizont, erhöht die emotionale Intelligenz und vertieft die seelische Reifung.

- Das Bemühen um *Spirituelle Tiefung* schließlich geht von der Annahme aus, dass erst die Einbettung des eigenen Ichs in ein Wir und damit auch in den ganzen Kosmos Sinnerfüllung möglich macht – und damit glückhaftes Empfinden. Dazu bedarf es der verantwortlichen Einbindung in die Regelkreisläufe der Natur, der Erde und des Kosmos. Wir alle sind gehalten, unseren Platz darin auszufüllen, mitzutragen und die Transformation der Energiekreisläufe mit zu erhalten.

Für unser Experiment zu mehr Friedfertigkeit wählen wir den Weg der *Dialogerweiterung*. Für unser tägliches Tun mit dem Partner, mit Kindern, mit Freunden und Kollegen und auch für die therapeutische Arbeit liegt hier die praktische Aufgabe. Konfliktbearbeitung und Spiritualität bleiben bewusst außer Acht, ohne ihre Bedeutung dadurch zu mindern. Sie können in anderen Sequenzen erarbeitet werden.

Die zahlreichen Rituale, Übungen, Gesten, Hausaufgaben und Anweisungen, die die Paarsynthese dafür zur Verfügung stellt, können allerdings nur Wirkung zeigen, wenn sie *bedeutungsvoll und achtsam* durchgeführt werden. Das gelingt, wenn *das Wesen einer Übung* richtig verstanden wird. Ein Vergleich soll dabei helfen.

Übungen für Liebende und Streitende sind vergleichbar einer kunstvollen Zeichnung: Da sind nicht einfach Striche zusammengefügt und nebeneinander oder kreuz und quer gesetzt. Jeder, aber auch jeder Strich hat seine eigene, ureigene Geschichte und Bedeutung. Übungen in der Paarsynthese sind so zu sehen wie die einzelnen Striche in einem Bild. Jede Berührung des Partners, jeder Augenblick, jede Geste, jeder Atemhauch, jeder Gedanke und jedes Wort für ihn, alles wirkt im Dialog mit dem Partner – und wird so zu einem Meisterwerk oder zu einer flüchtigen Skizze oder zu einem Schmierzettel.

Ich will dies Beispiel der Zeichnung oder eines Bildes noch etwas ausführen, denn es steht symbolisch für unsere ganze Arbeit an der Liebe:

Ein Strich allein ist auf diese Weise nicht unbedingt schon ein Meisterwerk in sich. Die Art der Linienführung im Ganzen erst entscheidet über seine Wirkung, nicht allein seine bloße Existenz auf einem Blatt.

Es sind zwei Merkmale, die einen Strich erst bedeutsam werden lassen, nämlich sein Charakter und sein Zusammenspiel mit den anderen Strichen. Erst der Künstler, der Abertausende von Strichen geübt hat, verfügt über die Reichhaltigkeit, über alle Möglichkeiten, diesen Strich zu gestalten, auszuschöpfen. Er wird ihn je nachdem setzen, ziehen, andeuten, hinwerfen, skizzieren, hervorheben, schmal, dünn, hart, weich, breitflächig, schraffiert, gepunktet, zart, durchscheinend, kräftig, markant, konturig, zerfließend, ja sogar streng oder flüchtig, prägnant und betont führen. Gleichermaßen verhält es sich mit den Übungen, die Paare miteinander vollziehen oder vom Paartherapeuten vorgeschlagen bekommen:

Auch hier Abertausende von Möglichkeiten, eine solche Geste, ein Ritual, einen Dialog zwischen zwei Menschen zu führen. Diese Übungen sind absichtsvoll, haben eine Intention, ein Motiv, ein Ziel. Sie geschehen nicht zufällig. Sie sind je nachdem gerichtet, impulsiv, bewusst, erfahrend, verdichtend, tiefend, intuitiv usw.

Die Liebenden vollziehen sie mit Hoffnung, Angst, Wut, Verzweiflung, Sehnsucht, Leidenschaft und vielen anderen Gefühlsmöglichkeiten mehr. Sie bewirken beim Gegenüber entsprechende Gefühle, die natürlich auch völlig entgegengesetzt zur Intention des Aktiven wirken können. So hat jede Übung ihre ureigenste Geschichte und Bedeutung.

Wie beim Künstler, der ein Bild zeichnet, kommt es auch hier darauf an, wie geübt die Liebenden und Streitenden sind. Mit Unerfahrenheit oder Angst werden sie die Sache leicht verpatzen, mit Wut und Zorn eher das Gegenteil bewirken. Mit Einfühlungsvermögen und Feinfühligkeit werden sie das Herz des Partners öffnen, Liebe, Hingabe und Verzeihung geschenkt bekommen.

Gleiches gilt auch für die Therapeuten, die die Anweisungen zu solchen Übungen geben.

Und doch, das größte Geheimnis wird bleiben. Es liegt im Widerspruch zu dem bisher Beschriebenen. Dies Geheimnis ist nicht zu entschlüsseln. Es ist das Geheimnis der Liebe selbst. Und es geht eben nicht darum, dies Geheimnis zu entschleiern, sondern es als Mysterium würdig zu begehen, zu feiern und einen kreativen Ausdruck dafür zu finden.

Um das tun zu können, brauchen wir aber eine Beschreibung, die uns das Wesen des Geheimnisses zumindest erahnen lässt, denn nur dann können wir übend daraufhin handeln.

Der Widerspruch dabei lässt sich am ehesten so verstehen, dass es zwar wichtig ist, viel Erfahrung und viel Übung in der Sprache der Liebe zu haben, aber es ist nicht das allein Entscheidende. Das Erstaunliche daran ist, dass es trotz aller Übung hierbei nicht um Perfektion geht. Nicht Kondition, hartes Training und Spezialistentum erwünschen sich die Liebenden, sondern Innere Achtsamkeit und Bewusstheit in der Zuwendung.

In eine mehr psychologische Sprache übersetzt heißt das, dass diejenigen, die dies Experiment für Friedfertigkeit mitmachen wollen, die unten genannten Regeln und Übungen im Geist von *Dialogik* und *Präsenz* durchführen.

Dialogik als besonderer Begriff verbindet die eher männliche Logik mit dem eher weiblichen Miteinander. Der eigentliche Begründer der Dialogik war Martin Buber (1878–1965, Begründer einer »Philosophie des Dialoges«, in: *Ich und Du* 1923), aber schon Pythagoras von Samos, geboren 570, hat im Menschen gegenüber das *alter ego*, das andere Ich erkannt. Und Johann Gottlieb Fichte (1772–1814), wahrscheinlich der erste Mikrokommunikationswissenschaftler, spricht in seinem Werk *De officiis eruditorium* von der *Anerkennung des Du als einem Ich*. »Icheinsamkeit und Duverschlossenheit« als die Tragik des Deutschen Idealismus im Lauf der Philosophiegeschichte werden so überwunden. Diese beiden Begriffe stammen von einem Weggefährten Martin Bubers, nämlich von Ferdinand Ebner. *Dialogik* greift also auf eine Tradition zurück, in der Lebensphilosophie, Konfliktbewältigung und Heilkunde noch in einer Hand waren. Die heilende Kraft der Liebe stand im Vordergrund allen Tuns. In diesem Sinn ist das Du als Widerspruch zum Ich die Quelle aller Entwicklung, denn im liebenden Dialog erst verbinden die Beiden sich zu einem Ganzen.

Präsenz als zweiter tragender Begriff in diesem übenden Tun ist einerseits Voraussetzung für gemeinsames Spüren und Erfahren, andererseits entsteht sie erst im Dialog. Die vier wichtigen Strategien dazu haben wir oben schon beschrieben: *Dialogverdichtung* (die Verwirklichung der fünf Dialogsäulen möglichst zur gleichen Zeit), *Resonanzerzeugung* (im gegenseitigen Schwingen Beziehung aufbauen und erneuern), *Fehleranalyse* (ermöglicht erst eine dauerhafte Beziehung in der gegenseitigen Herausforderung und Begleitung) und *Polaritätsprinzip* (Würdigung des Gegensatzes).

Jedes Paar kann, und natürlich können auch andere Menschen das folgende Experiment völlig umkompliziert und gefahrlos anwenden. Das bedeutet aber nicht, dass es unbedingt leicht fällt, sich daran zu halten. Am besten gelingt es, wenn es einmal im Monat mit einem befreundeten

Paar zusammen besprochen und immer wieder neu erprobt wird.

Psychologie der Liebe – Streitkultur inklusive

Die ***Streitkultur*** in der Paarsynthese ist fester Bestandteil unserer Arbeit, lange bevor der Krieg gegen den Terrorismus begonnen hat. Nur brauchen wir diese jetzt dringender als je zuvor – im privaten und im öffentlichen Leben.

Die Streitkultur der Paarsynthese basiert – neben dem therapeutischen Aufarbeiten der innerseelischen Konfliktursachen und dem spirituellen Ausloten ihrer Sinnhaftigkeit – auf den **Streitregeln für den intimen Dialog.** Eine ausführliche Darlegung dazu findet sich im Kapitel zur **Streitkultur**. Das Experiment selbst baut im Wesentlichen auf diesen Regeln auf, die im Anschluss dargestellt werden.

Anleitung zum »Experiment für Friedfertigkeit«

Im 1. Schritt lesen Sie die folgenden Regeln, sprechen Sie mit Partnern und Freunden durch und ergänzen gegebenenfalls noch fehlende.

Im 2. Schritt üben und wenden Sie diese innerhalb Ihrer Liebesbeziehung und in Ihrer Familie täglich, wenigstens aber wöchentlich an.

Im 3. Schritt übertragen Sie diese Regeln auf Freunde, Kollegen am Arbeitsplatz und andere Bekannte in Ihrem sozialen Umfeld.

Im 4. Schritt führen Sie mit dem Partner kurze Kontrollgespräche darüber, ob die Anwendung der Regeln stattfindet und ob sie ihre Wirkung zeigen oder welche Hindernisse dem im Weg stehen.

Im 5. abschließenden Schritt bitten wir Sie, über dies Experiment kurze Notizen zu machen und nach Möglichkeit an den Verlag/Verein zu senden. Auf diese Weise soll eine einfache Auswertung möglich sein. Falls Sie Interesse haben, schicken wir Ihnen das Ergebnis zu.

Streitregeln zum »Experiment für Friedfertigkeit«

Jede Kultur zeichnet sich durch gemeinsame Übereinkünfte aus, an der sich ihre Mitglieder orientieren. Für eine Streitkultur sind eben solche Regeln not-wendig, um die Not der streitenden Partner zu wenden. Dabei fällt auf, dass alle Arten von Wettkampf und beziehungsregelnder Auseinandersetzung klaren Absprachen folgen, mit zwei Ausnahmen: Kriege und Partnerstreit. Die Folgen sind häufig blinde Zerstörung. Gute Paare halten sich deshalb trotz Streit an Mindestabsprachen. Aus der Erfahrung unserer Paartherapie haben sich folgende Regeln bewährt, die sich in drei Gruppen einteilen lassen:

Zur Vorbeugung von Streit

1. **Vorarbeit**: Beginne, in Friedenszeiten zu streiten. Leidest Du am Partner, sage es, so lange Ihr gut miteinander seid. In der Krise kann er oft nicht mehr zuhören.
2. **Vorbeugung**: Fange immer bei Dir selbst an. Biete dem Partner immer wieder Deine Fehler zur Besprechung an. Übe das auch mit Freunden und Kindern.
3. **Enttarnung**: Untersuche die Streitmuster Deiner Eltern und gestehe Deinem Partner, was Du selbst davon übernommen hast. Sieh, was Du ihm damit antust. Übertragung wird so abgebaut.
4. **Lob**: Zum Ausgleich für 1x Kritik braucht es 5x Lob. Zitiere auch im Streit, was Du an seiner oder ihrer Kritik über Dich für gut und richtig hältst.
5. **Rollentausch**: Jeweils für 15 Minuten ganz in die Haut,

in die Sprache und Rolle des Partners zu gehen und seine Argumente zu übernehmen, stiftet Verstehen.

Während des Streitens und in der Krise

Dialog: Streit ist im intimen Dialog der Liebenden die andere Seite der gleichen Münze. Bleibe deshalb während des ganzen Streites im Kontakt mit dem Partner. Halte stets Augenkontakt.

Ziel: Streite nie sinnlos, sondern benenne immer wieder die anzustrebende positive Veränderung (G. Bach: »Streiten verbindet«, 1975). Nenne im Streit immer wieder Dein Ziel.

Würde: Wahre das Gesicht Deines Partners, damit er Deines wahren kann.

Energie: Aggression, Konfrontation und Wut sind wichtige Kraftquellen für Selbstwert, Sicherheit und Lust. Kämpfe mit Mut und ohne Tabu.

Objektverschiebung: Streite nicht um Kleinigkeiten und nicht vom Hundertsten ins Tausendste. Bleibe beim Hauptthema.

Deeskalation: Halte Dich an Regeln, streite maximal eine Stunde; fraktioniere das Streitthema; brich nach der zweiten Wiederholung bzw. Streitspirale ab; triff eine neue Streitvereinbarung.

Zur Nachbehandlung von Streit und zur Versöhnung

Umdeutung: Besprich mit Deinem Partner, wie Du seine »Fehler« auch positiv deuten und als notwendiges Entwicklungspotential für Dich nutzen kannst.

Verzeihung: Nur wer verzeiht und um Verzeihung bittet, ist wirklich liebesfähig.

Trotz: Lerne, Deinen Trotz zu überwinden und den ersten Versöhnungsschritt zu gehen. Trotz war im Kindesalter überlebenswichtig, für Liebende ist er tödlich.

Resigniere nie!

Zum Schluss dieses Buches eine leidenschaftliche Bitte von mir an jede Leserin und jeden Leser: Gebt diese Regeln weiter und experimentiert mit ihnen. Selbst wenn es nicht auf Anhieb klappt und viele Rückfälle drohen, lohnt sich doch der Versuch.

Der große weise Laotse hat neben dem berühmten Satz *Der Weg ist das Ziel* einen zweiten, ebenso wichtigen, geprägt: *Auch ein Marsch von tausend Meilen beginnt mit einem Schritt.*

Ein Seminarleiter schreibt daher an die Teilnehmer: ... wir wollen das *Experiment zur Friedfertigkeit* aufgreifen und zu einem Programmteil unseres diesjährigen Sommercamps »Leben und Lieben in Gemeinschaft« machen. Beginnt mit Erhalt dieses Briefes die Streitregeln anzuwenden (wenn Ihr es nicht schon tut), und lasst uns unsere Erfahrungen damit vertiefen und auswerten!

Wir fallen ja in unseren privaten Streits wie im gesellschaftlichen und weltpolitischen Raum immer wieder in das Muster zurück – bzw. verlassen es gar nicht erst –, ausschließlich im Anderen das Böse zu sehen und es dort zu bekämpfen: mit Aggression, Verweigerung, Kritik. Obwohl die Psychologie diese Projektion als Abwehrmechanismus gegen das »Böse« in uns selbst seit langem kennt, und obwohl wir als Männer und Frauen, die um die Liebe ringen, es eigentlich auch längst besser wissen müssten, scheint der Sog in diese Verhaltensweisen ungeheuer stark. Ein Wunder ist das nicht, liegt doch hinter allen Gründen für Streit letztendlich immer *ein* Hauptmotiv, nämlich die Angst: Angst vor Verletzung, Isolation, Verlust, Veränderung.

Wie sollte es wohl in dem Erfurter Amoklauf anders gewesen sein? Ein solch mörderisches Geschehen ist aber ein erneuter und zusätzlicher Grund für mich, zu versuchen, aktiv daran mitzuwirken, dass wir in unseren Partnerschaften, Freundschaften, Bekanntschaften, in unserer Gemeinschaft besser streiten und damit lieben lernen. Die Idee dazu trage ich schon länger mit mir herum, denn ich merke, dass sich in der Art, wie ich mit meiner Partnerin streite, praktisch zeigt, wie ich liebe. Dieser Rückschluss wird sich auf jeden von Euch übertragen lassen, darum konkrekt an jeden von Euch folgender Vorschlag:

- Lies die Streitregeln.
- Einige dich mit deinem Partner und/oder mit deinen Kindern/deinem Kind oder mit einem Freund/einer Freundin auf drei/vier Regeln, die Ihr befolgen wollt.
- Wende die Regeln an.
- Schreibe gelegentlich auf, was dir dabei auffällt.
- Bringe deine Erfahrungen mit zum Sommercamp.

Wir freuen uns auf Euch und Eure Erfahrungen!

Anhang

Erklärungen zur Paarsynthese

Mit der *Paarsynthese* wird ein theoretisches und praktisches, vor allem dynamisches Konzept vorgelegt, das auf der liebenden Beziehung als der mächtigsten, die Menschheit bewegenden Kraft aufbaut.

Die Psychologie der Liebe und des Paares wird umgesetzt in ein konkretes Handlungsmodell, angewandt auf psychologische und pädagogische Arbeit mit Paaren, Gruppen und Einzelnen. Die innere Gesetzmäßigkeit der Psychodynamik eines Paares als kleinste soziale Einheit wird übertragen auf Institutionen und Organisationen, damit auf Politik und Gesellschaft. Die der Liebe innewohnenden Regeln und Gesetzmäßigkeiten wirken als Richtlinien für menschliches – professionelles wie politisches – Handeln.

Die *Paarsynthese* ist ursprünglich – seit 1975 – als tiefenpsychologisch und dialogisch fundiertes psychotherapeutisches Verfahren für die Arbeit mit Paaren entwickelt worden. Später wurde es weiterentwickelt für politische Bildung und Erwachsenenbildung, für Coaching und Teamgestaltung. Psychologie, Sozialforschung, Philosophie und angewandte Psychotherapie münden in ein *Lernmodell Liebe*, das Anwendung findet in psychologischer und pädagogischer Arbeit.

1990 haben Fachleute wie Psychologen, Pädagogen, Mediziner, Theologen u.a. zusammen mit Laien, die den Nutzen dieser Arbeit für sich und ihre Partnerschaft erfahren haben, die *»Deutsche Gesellschaft für Integrative Paartherapie und Paarsynthese«, GIPP e.V.* gegründet.

Hier findet psychotherapeutische Aus- und Weiterbildung in Paartherapie statt. Außerdem werden Rat suchende Paare – Liebende wie Streitende in der Krise – durch Therapie oder Seminare unterstützt und begleitet.

Im psychotherapeutischen Bereich arbeiten Fachleute vorwiegend mit Paaren und Familien auf dreifache Weise: *tiefenpsychologisch* zur individuellen Entfaltung beider Partner, *dialogisch* zur Entfaltung und Einübung zwischenmenschlicher Fähigkeiten zur Kommunikation und Interaktion, und schließlich mit einem *spirituellen, philosophischen Ansatz* zur Sinnorientierung im menschlichen und ökologischen Miteinander.

Der Vorteil der Paarsynthese liegt neben ihrer psychologischen Fundierung im *Schulen übergreifenden* Ansatz und der daraus resultierenden *Methodenvielfalt*. Diese kommt in unterschiedlichen Arbeitsfeldern zum Tragen, so in der Jugendlichen- und Erwachsenenbildung, in der Familienpädagogik und in Organisationsstrukturen von Betrieben. Aktuell bestehen in Deutschland, der Schweiz und Österreich etwa 15 Weiterbildungsgruppen.

Die Weiterbildung in Psychotherapie im Rahmen der Paarsynthese ist eine umfassende psychotherapeutische Grundausbildung in Einzel-, Paar- und Familientherapie. Kennzeichnend für diese Weiterbildung ist die erwünschte Teilnahme des nicht-professionellen Partners. Es hat sich in zwanzigjähriger Ausbildungserfahrung als sinnvoll und stimmig erwiesen, die professionelle Weiterbildung in integrativer Paarpsychotherapie durchaus auch zur Entwicklung der eigenen Partnerschaft zu nutzen. Unsere These, Liebe als Herausforderung für die Persönlichkeitsentwicklung zu verstehen, trifft natürlich für kompetente Psychotherapeuten gleichermaßen wie für Laien zu.

Häufig nehmen an dieser Weiterbildung deshalb auch Paare teil, die keine beruflichen Ambitionen haben. Sie sind angetreten, an ihrer Liebeskompetenz zu arbeiten.

In unserer Gesellschaft der Schnellimbisse und technischen Machbarkeiten herrscht ein erstaunliches Unwissen über Liebe und deren Lebensbedingungen in einer Partnerschaft vor. Schon während der Aus-, Fort- und Weiterbildung schließen sich deshalb die Paare zu Netzwerk-Gruppen zusammen, die über ganz Deutschland, in der Schweiz und Österreich verteilt sind. Sie vertiefen in einer liebevollen und kritischen Gemeinschaft sowohl ihr Wissen etwa über Paarzyklen, Partnerstile, lebensgeschichtliches Gewordensein, Sinnlichkeit usw. als auch ihre emotionale Schwingungsfähigkeit und Ausdrucksmöglichkeit. So können sie bewusst Liebende oder auch Trennende werden. Sie lernen, dass Trennung und Verschmelzung zur Liebe gehören als Vorbedingung zum Wunder der gemeinsamen Ekstase in der Sexualität und auch in der geistigen und seelischen Befruchtung.

Diese Netzwerk-Gruppen werden durch die *GIPP e.V.* koordiniert, organisieren sich selbst, können aber auf Anfrage professionelle Beratung bekommen.

Im alljährlich stattfindenden *Sommercamp* auf der dänischen Insel Falster kommt die Paarsynthese als Beziehungslehre zum Aufbau sozialer Strukturen zum Tragen. Von der GIPP e.V. wird eine ehemalige Schule gemietet, und 30 bis 50 Frauen, Männer und Kinder treffen sich für eine Woche zum Thema »Liebe und Leben in Gemeinschaft«. Liebe bekommt so eine respektvolle Öffentlichkeit, die ihr gebührt. Sie wird befreit aus der Enge und Dumpfheit vieler Schlafzimmer, wo sich die Paare lieben wollen und doch nicht wissen wie.

Durch die menschliche Einbindung in das Netz der Gruppen, durch das Konfrontiert-Werden und Konfrontieren von Angesicht zu Angesicht entstehen große emotionale Dichte, Heimat und ein Zugehörigkeitsgefühl. In diesem Klima kann konstruktives Fühlen, Denken und Handeln gedeihen – kann intelligente Emotionalität wachsen. Die Teilnehmenden begleiten sich in Krisen, laden in den Ferien gegenseitig ihre Kinder ein und tragen mit Hilfe der Anderen ihre Konflikte aus.

So wirken diese Männer und Frauen aktiv an der Gestaltung einer Liebeskultur und Gesellschaftsbildung mit, die über individuelle Zielsetzungen hinaus wirksam werden kann.

Literaturverzeichnis

Aitken, Robert: Ethik des Zen. München: Diederichs Gelbe Reihe 1995

Beck, Ulrich: Jenseits von Stand und Klasse? in: Soziale Welt, Sonderband II (1983), S. 40 ff

Beck, Ulrich; Beck-Gernsheim, Elisabeth: Das ganz normale Chaos der Liebe. Frankfurt: Suhrkamp 1990, S. 120 ff

Beck, Ulrich; Beck-Gernsheim, Elisabeth: Riskante Freiheiten. Frankfurt: Suhrkamp 1994

Burkart, Günter: Auf dem Weg zu einer Soziologie der Liebe. in: Hahn, Kornelia; Burkart, Günter (Hrsg.): Liebe am Ende des 20. Jahrhunderts. Opladen: Leske & Budrich 1998, S. 8 ff

Cardenal, Ernesto: Das Buch von der Liebe. Gütersloh: Mohn, GTB Siebenstern 1981

Chang, Jolan: Das Tao der Liebe. Reinbek: Rowohlt 1977, S. 15

Cöllen, Michael: Laß uns für die Liebe kämpfen. München: Kösel 1984

Cöllen, Michael: Heilende Partnerschaft. Paartherapie als Seelendialog. Reinbek: Rowohlt 1993, S. 10

Cöllen, Michael: Paartherapie und Paarsynthese – Lernmodell Liebe. Wien: Springer 1997

Cöllen, Michael: Ist Liebe heilbar? in: Sulz, Serge K.D. (Hrsg.): Von unglücklichen Verstrickungen zu befreiter Beziehung. München: CIP-Medien 2000, S. 277 ff

Comte, Auguste: in: Helferich, Christoph: Geschichte der Philosophie. Stuttgart: Metzler 1992, S. 296–299

Dalai Lama, der XIV.: Logik der Liebe. München: Goldmann 1991, S. 14 ff

Desjardins, Arnaud: In Liebe gemeinsam wachsen. Freiburg: Bauer 1989, S. 184 ff

Duhm, Dieter: Der unerlöste Eros. Radolfzell: Meiga 1991

Ficino, Marsilio: Über die Liebe oder Platons Gastmahl. Hrsg. R. Blum. Hamburg: Meiner 1994, S. 69 ff

Fourier, Charles: Aus der neuen Liebeswelt. Berlin 1977, S. 44

Friedemann, Hermann (Hrsg.): Novalis' Werke in vier Teilen. Leipzig: Deutsches Verlagshaus Bong & Co., S.12ff; Teil 4, S.8ff

Giddens, Anthony: Wandel der Intimität, Sexualität, Liebe und Erotik in modernen Gesellschaften. Frankfurt: Fischer 1993

Hahn, Kornelia; Burkart, Günter (Hrsg.): Liebe am Ende des 20. Jahrhunderts. Opladen: Leske & Budrich 1998, S. 8 ff

Haule, John R.: Heilige Verzauberung – Archetypen und Stadien der Romantischen Liebe. Interlaken: Ansata 1991, S. 37f

Jellouschek, Hans: Die Kunst als Paar zu leben. Stuttgart: Kreuz 2001

Jung, C. G.: Von Sexualität und Liebe. Einsichten und Weisheiten. Olten: Walter Verlag 1988, S. 63

Jung, Mathias: Das sprachlose Paar. Wege aus der Krise. Lahnstein: emu 1996

Jung, Mathias: Trennung als Aufbruch. Lahnstein: emu 1998

Jung, Mathias: FreiRaum. Ein Zimmer für mich allein. Selbstbestimmung und Freiheit in der Partnerschaft. Lahnstein: emu 2001

Jung, Mathias: AußenBeziehung. »Treue« und »Untreue« in der Partnerschaft. Lahnstein: emu 2002

Kant, Immanuel: Kritik der reinen Vernunft. Hamburg: Meiner 1990, S. 303f

Kant, Immanuel: Kritik der praktischen Vernunft, Werke 3. Köln: Könemann 1995, S. 365–367

Kant, Immanuel: in: Martens, Ekkehard (Hrsg.): Ich denke, also bin ich. Grundtexte der Philosophie. München: Beck 2000, S. 173–182

Klages, Ludwig: Vom Kosmogonischen Eros. Jena: Diederichs 1930

Maffesoli, Michel: Der Schatten des Dionysos. Frankfurt: Syndikat 1986, S.106ff, S.113ff

Maturana, Humberto; Varela, Francisco: Der Baum der Erkenntnis. Bern: Scherz 1987, S. 262–269

Meier-Seethaler, Carola: Gefühl und Urteilskraft. Ein Plädoyer für die emotionale Vernunft. München: Beck 1998, S. 32ff; S. 147ff; S. 246f

Moeller, Michael Lukas: Die Liebe ist ein Kind der Freiheit. Reinbek: Rowohlt 1986, Vorwort

Nitsch-Berg, Helga;Kühn,Hiltraud: Kreative Medien und die

Suche nach Identität. Bd.II. Köln: Edition Humanistische Psychologie 2000
Platon: Das Gastmahl, in der Übersetzung von Friedrich Schleiermacher. Stuttgart: Reclam 1957, Kap. 14–16, S. 46–54
Platon: Meisterdialoge. Übertragung von R. Rufener. Zürich: Artemis 1958
Ortega y Gasset, José: Über die Liebe. Meditationen. Stuttgart: Deutsche Verlags-Anstalt 1965, S. 30ff
Ouspensky, Peter D.: Ein neues Modell des Universums. Weilheim: Otto Wilhelm Barth 1970, S. 494; S. 499ff
Peukert, Rüdiger: Die Destabilisierung der Familie. in: Heitmeyer, W. (Hrsg.): Was treibt die Gesellschaft auseinander? Frankfurt: Suhrkamp 1997, S. 287
Saint-Simon, Claude, in: Bidlingmeier, P.: Das sozialreformatische System. Stuttgart: Kröner 1937
Saint-Simon, Claude, in: Hofmann, Werner: Ideengeschichte der sozialen Bewegung des 19. und 20. Jahrhunderts, Berlin 1962
Schenk, Holger: Individuelle Lust – gegen die Macht des definierten Sex. München: DTV 1999, S. 13ff
Schmitz, A. H. Oscar: Brevier für Einsame. München: Georg Müller 1922, S. 236; S. 243ff; S. 257
Schuhmacher, E. F.: Die Rückkehr zum menschlichen Maß. Hamburg: Rowohlt 1977, S. 57ff
Simmel, Georg: Fragment über die Liebe. in: Simmel, Georg: Brücke und Tür. Stuttgart: Koehler 1957, S. 17–28
Sloterdijk, Peter: Regeln für den Menschenpark. Frankfurt: Suhrkamp 1999
Thiele, Johannes: Die Erotik Gottes – Menschen werden wir nur als Liebende. Stuttgart: Kreuz Verlag 1988, S. 30ff

Die Deutsche Bibliothek – CIP-Einheitsaufnahme
Ein Titeldatensatz für diese Publikation ist bei
Der Deutschen Bibliothek erhältlich.

1 2 3 4 5 06 05 04 03 02

© 2002 Kreuz Verlag GmbH & Co. KG Stuttgart, Zürich
Ein Unternehmen der Verlagsgruppe Dornier
Postfach 80 06 69, 70506 Stuttgart, Tel. 0711-78 80 30
Sie erreichen uns rund um die Uhr unter www.kreuzverlag.de
Umschlagbild: Das Aktfoto, C. J. Bucher (Wingate Paine)
Umschlaggestaltung: Atelier Reichert, Stuttgart
Satz: de·te·pe, Aalen
Druck und Bindung: Clausen & Bosse, Leck

Die Schreibweise entspricht den Regeln
der neuen Rechtschreibung.

ISBN 3 7831 2140 X

Was sollen wir dürfen?

Frieder Lauxmann
Wonach sollen wir uns richten?
176 Seiten, Hardcover
ISBN 3 7831 2114 0

Kann man Ethik überhaupt verstehen? Welche verschiedenen Vorstellungen gibt es? Wie bestimmen sie unseren Alltag? Frieder Lauxmann zeigt hier, wie man mit Maßstäben und Werten im beruflichen und privaten Leben umgehen kann. Das Buch bietet Ihnen eine Vielzahl möglicher Antworten, umfassend und informativ.

KREUZ: Was Menschen bewegt.
www.kreuzverlag.de